MAINE
VERMONT
NEW HAMPSHIRE
MASSACHUSETTS
RHODE ISLAND
CONNECTICUT
NEW YORK
MINNESOTA
WISCONSIN
MICHIGAN
NEW JERSEY
PENNSYLVANIA
IOWA
OHIO
INDIANA
MARYLAND
DELAWARE
ILLINOIS
WEST VIRGINIA
KANSAS
VIRGINIA
MISSOURI
KENTUCKY
NORTH CAROLINA
TENNESSEE
OKLAHOMA
SOUTH CAROLINA
ARKANSAS
GEORGIA
ALABAMA
MISSISSIPPI
AS
LOUISIANA
FLORIDA

GEORGIA

Atlanta, das Herz der alten Konföderation, sieht sich heute als Repräsentantin des «neuen Südens». Aus dem Eisenbahnerdorf des Jahres 1837 mit dem bezeichnenden Namen «Terminus» wurde eine Metropolis … Ein weiter Sprung seit den Tagen, als Scarlett O'Hara auf der Peachtree Street mit heißen Ohren die große Welt erblickte, Rhett Butler, der galante Schieber, mit dem Krieg gegen die Yankees Geschäfte machte und General Sherman schließlich die Stadt niederbrannte … Historisch verbürgt ist lediglich Shermans verheerender Sieg. Die beiden anderen Gestalten … waren Margaret Mitchells Roman entsprungen und dann im Film «Vom Winde verweht» ein für allemal mit den Gesichtern von Vivien Leigh und Clark Gable verschmolzen.

Leo Wieland, Amerika-Reportagen, 1989

Die Christ Church auf St. Simons Island, einer beliebten Ferieninsel vor Georgias Atlantikküste.

Blick aus dem 72stöckigen «Westin Peachtree Plaza Hotel» auf Atlanta.

Nahe Savannah laden die Sandstrände von Tybee Island zum Baden und Spazierengehen ein.

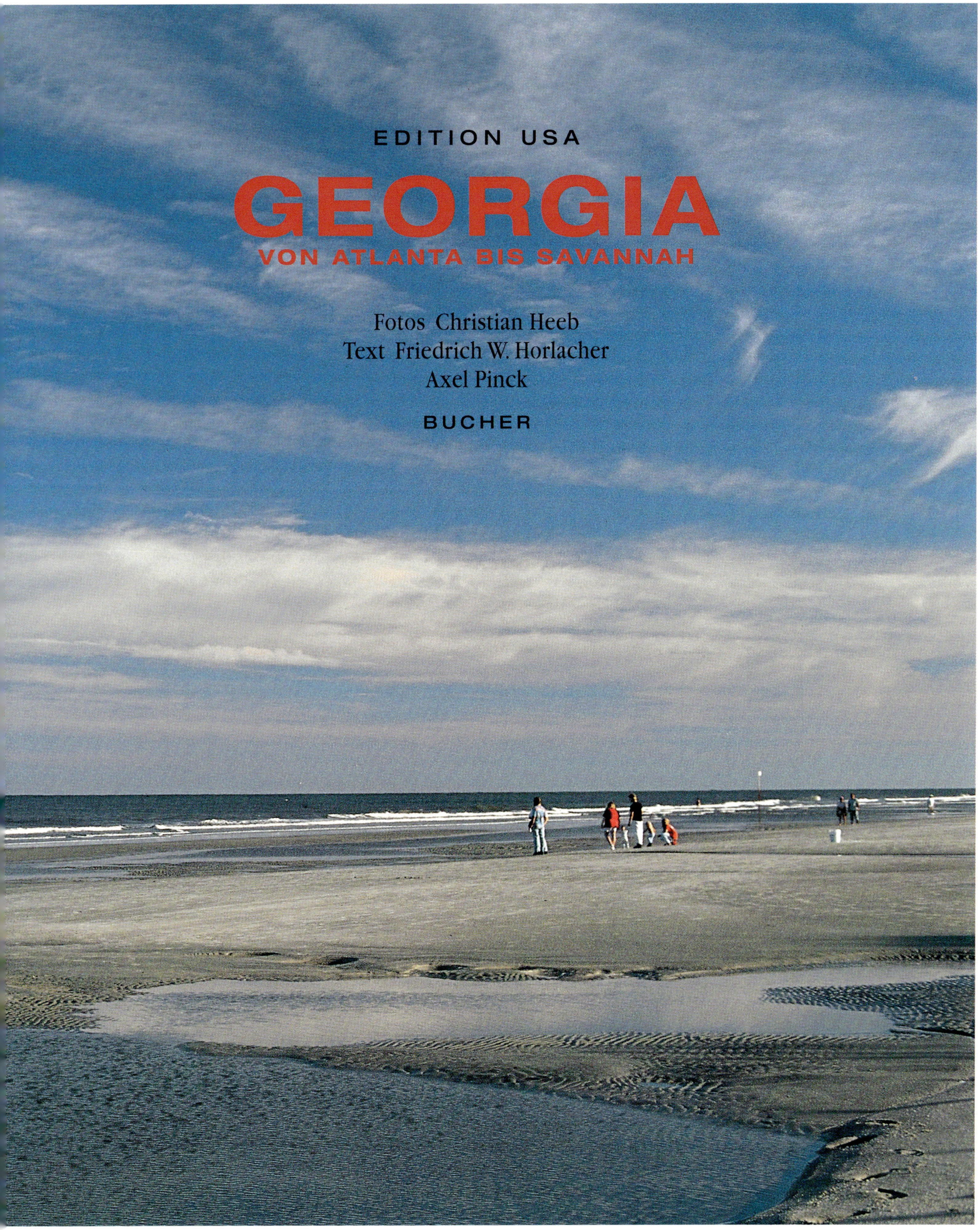

EDITION USA

GEORGIA

VON ATLANTA BIS SAVANNAH

Fotos Christian Heeb
Text Friedrich W. Horlacher
Axel Pinck

BUCHER

INHALT

PLANEN · REISEN · GENIESSEN

Großer Reiseführer von *Axel Pinck* mit praktischen Tips für einen erlebnisreichen Urlaub und vielen Informationen über die touristischen Highlights in Georgia. Mit sechs Farbkarten.

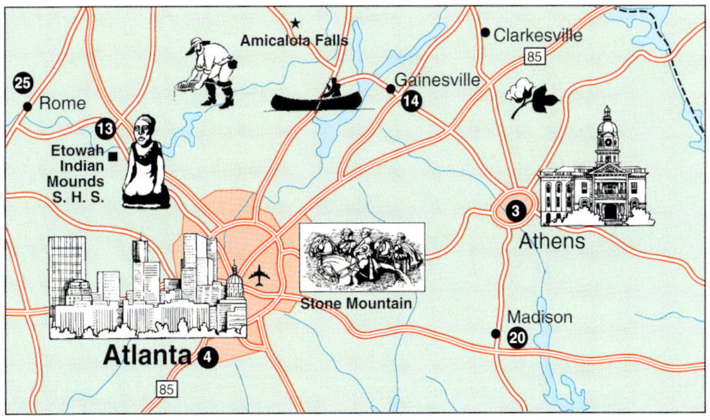

Links: Lederwarengeschäft in Tifton.
Mitte: Oakwood Bed & Breakfast, Athens.
Rechts: Straßenmusiker in Savannah.

Im April findet in Augusta das Masters statt, eines der berühmtesten Golfturniere der Welt.

Gruppenbild mit Kostümen aus der Zeit des Bürgerkriegs (1861–1865) auf dem Civil War Reenactment in Rome.

«ICH HABE EINEN TRAUM»

Das Geschichtenerzählen gehört in Georgia zur Alltagskultur und wird in zahlreichen Wettbewerben geübt. Dieser *Southener* aber betreibt es professionell – er schildert den Besuchern des Agrirama, einem historischen Dorf in Tifton, wie das Leben auf dem Land früher war.

Die Frage nach der inneren Antriebskraft, die Amerikas stille Mehrheit bewegt, führt nicht selten zu dem Hinweis auf die unendliche Geschichte vom tüchtigen Tellerwäscher, der sich zum Millionär mausert. Viele sehen darin den Stoff, aus dem der amerikanische Traum gemacht sei. Die eigentliche Schwäche des Modells liegt in seiner Ausschließlichkeit, denn in Wahrheit hat es unzählige amerikanische Träume gegeben – einige davon drehten sich um Georgia. Jener beispielsweise von Martin Luther King, dem charismatischen Baptistenprediger und Bürgerrechtler, der in Atlantas Auburn Avenue großgeworden war. Kings Vision bewegte die Welt und 1964 einige honorige Herren in Skandinavien zur Vergabe des Friedensnobelpreises. In seiner berühmten Rede «Ich habe einen Traum», die er am 28. August 1963 in Washington D. C. hielt, träumte er von dem Tag, an dem sich die Söhne ehemaliger Sklaven und die Söhne ehemaliger Sklavenhalter im roten Hügelland Georgias als Brüder gemeinsam an einen Tisch setzen würden. Töchter bedurften nach den Regeln damaliger Rhetorik noch keiner besonderen Erwähnung.

DAS LAND DER VERHEISSUNG

Bereits 1717 hatte sich der schottische Baron Sir Robert Mountgomery dazu verstiegen, das Land zwischen den Flüssen Savannah und Altamaha als das «verheißene» zu preisen. Originell war dies nicht, denn ein neues Kanaan war in der Kolonialgeschichte Amerikas schon dutzendfach versprochen worden. Aber Sir Robert, nach eigenem Bekunden ein geborener Kolonisator, verwies auf den geographischen Breitengrad des Landes und versprach Kupfer, Blei, Eisen, Silber, wohlriechende immergrüne Stauden, Arzneien, Kaffee, Feigen, Rosinen, Johannisbeeren, Mandeln, Oliven, Seide, Wein, Farbstoffe, Pottasche und Reis. Beeindruckt von solchem Überfluß, gaben ihm die britischen Machthaber grünes Licht zur Gründung seiner Markgrafschaft *Azilia* – gewiß auch aus dem Grund, weil diese strategisch als Puffer wirken würde zwischen dem florierenden britischen Carolina und den Indianern im Südwesten und Süden, den Franzosen in Louisiana sowie den Spaniern in Florida.

Aus Azilia wurde jedoch nichts – Mountgomery fehlte das Geld – und auch nichts aus der 1721 geplanten Großkolonie des Schweizers Jean-Pierre Purry, die zu Ehren König Georgs II. von England *Georgia* heißen sollte. Purrys Traum reichte von Carolina bis zum Mississippi und sollte von eidgenössischen Protestanten bevölkert werden. Immerhin, die wirtschaftlichen und militärischen Phantasien der beiden verhinderten Gründerväter wurden ein paar Jahre später Bestandteil eines gesellschaftlich-humanitären Modells, mit dem James Edward Oglethorpe und zwanzig weitere Treuhänder *(Trustees)* Seiner Majestät Georg II. eine Vollmacht (Charter) zur Gründung einer Kolonie entlockten – und zwar innerhalb der Gren-

Das 1733 gegründete Savannah ist die älteste Stadt Georgias und für seine schönen Plätze und Parks bekannt. Im Bild der Forsyth Park.

Ein malerischer Blickfang: Der Brunnen in Savannahs Forsyth Park stammt aus dem Jahr 1858 und wurde oft mit dem Brunnen auf der Place de la Concorde in Paris verglichen.

Savannah gilt als eine der architektonisch schönsten Städte Amerikas. Immer wieder entdeckt man an den historischen Villen kunstvolle Details wie diesen Erker am Monterey Square.

zen, die schon Mountgomery gewählt hatte. Mit einem kleinen Unterschied allerdings: In der Charter wurde dem Unternehmen auch eine Westgrenze verpaßt, die «Südsee». Offensichtlich hatte man von der Geographie Inneramerikas noch wenig Ahnung.

Der Philanthrop und Strafrechtsreformer Oglethorpe hatte als Parlamentarier die Auswirkungen der Schuldhaft in den überquellenden Gefängnissen Englands studiert. Deshalb wollten er und seine Mitstreiter die Kolonie Georgia zu einem Refugium für förderungswürdige Arme des Landes *(worthy poor)* machen. Gesellschaft sollten ihnen Salzburger Protestanten leisten, die vor dem dort polternden Bischof der römischen Kirche nach England geflohen waren. Die Reisekosten wollten die Treuhänder tragen, die darüber hinaus jeden Siedler fürs erste mit Kleidung, Nahrungsmitteln, Saatgut, Zuchtvieh, Werkzeug und Waffen zu versorgen gedachten. Dafür waren kommunale und militärische Dienstleistungen zu erbringen. Ein erheblich eingeschränktes Recht auf Grundbesitz sollte die Möglichkeit der Veräußerung von Grund und Boden ausschließen und damit auch Spekulationsgewinne und soziale Ungleichheit verhindern. Mit Sklaverei wollte man nichts zu tun haben, weil man um die Arbeitsmoral der Siedler fürchtete und Sklaven für ein Sicherheitsrisiko hielt. Aus den gleichen Gründen mochte man auch Rum nicht dulden.

Savannah ist nicht nur für seine Antebellum-Architektur, sondern auch für seine prächtigen, mit Spanish Moss bewachsenen Eichenalleen berühmt.

Ein Spaziergang durch den Bonaventure Cemetery in Savannah vermittelt etwas vom melancholischen Flair des Alten Südens.

Pech für die großen Visionäre: Wie so oft scherte sich die Wirklichkeit nicht um ihre Entwürfe. Martin Luther King wurde 1968 das Opfer eines weißen Attentäters, und die sozialistische Utopie Oglethorpes verkümmerte schnell zu einem ziemlich irdischen Unterfangen.

DAS SZENARIO

Mit einer Fläche von über 150 000 Quadratkilometern ist Georgia der größte US-Bundesstaat östlich des Mississippi. Eine Fahrt in nordwestlicher Richtung von einem Ende des Staates ans andere enthüllt die ganze Vielfalt und Pracht des Landes.

Eine solche Reise könnte auf den *Barrier Islands* – oft auch *Sea Islands* oder *Golden Isles* genannt – beginnen. Diese Inseln sind vom Festland unter anderem durch den *Intracoastal Waterway* getrennt, eine Binnenwasserstraße, die New York und Miami miteinander verbindet. Nur Tybee, St. Simons, Sea Island und Jekyll Island sind über Brücken zu erreichen. Hier entstanden die ersten Reis- und Baumwollplantagen Georgias. Wenn man Ende des 19. Jahrhunderts zu Amerikas Superreichen zählte und Rockefeller, Vanderbilt oder Carnegie hieß, leistete man sich eine dieser Inseln – sie wurden zur Spielwiese der Multimillionäre (siehe Seite 85). Touristisch zugänglich wurden sie erst in den 1950er Jahren.

Zu den schönsten, aber auch teuersten Unterkünften in Georgia gehört die Hotelanlage «The Cloister» auf Sea Island.

Ein Zimmer mit erlesenem Mobiliar und eigenem Kamin – in Savannahs stilvollen Bed-&-Breakfast-Häusern ist dieser Luxus selbstverständlich.

Als sie der malende Ornithologe John James Audubon im letzten Jahrhundert besuchte, wähnte er sich in der Märchenwelt des Goldenen Zeitalters. In der Tat – Wasserläufe, Marschen, fruchtbare Böden und ein subtropisches Klima sorgen für eine Fauna und Flora von verwirrender Vielfalt. Magnolien, Palmen, stattliche Kiefern, mit Bartflechten *(Spanish Moss)* behangene Eichen, im gleißenden Licht wogende Gräser und weiße Sandstrände, die von Treibhölzern in surrealistische Skulpturengärten verwandelt worden sind, bilden die Kulisse eines Fisch-, Wild- und Vogelparadieses.

Die Küstenniederungen landeinwärts setzen sich aus Schwemmland, Feucht- und höhergelegenen Trockengebieten zusammen. Querende Wasserläufe weiten sich immer wieder zu Sümpfen, in deren Wildwuchs sich Alligatoren, Luchse, Pelikane, Reiher und andere Exoten wohlfühlen. Geheimnisvoll und unergründlich gibt sich der Okefenokee, der größte dieser Sumpfwälder, in dem sich – so sagen die Legenden – allerhand lichtscheues Volk verkrochen haben soll. Ob es sich bei den *Swampers*, die heute dort zu Hause sind und argwöhnisch Fremdes und Fremde beäugen, um Nachfahren handelt, wissen wir nicht. Sicher ist, daß ihnen Naturschützer mindestens so suspekt sind wie Immobilienhaie.

Die innere Küstenebene kündigt sich durch vermehrte landwirtschaftliche Nutzung des Bodens an. Dieser Landschaftsgürtel, der bis in den Südwesten Georgias reicht, ist heute der fruchtbarste des Staates. Auf den offenen Flächen, die von ausgedehnten Eichen- und Kiefernwäldern gesäumt sind, gedeihen Erd- und Pecannüsse sowie Pfirsiche. Der oft «Samtgürtel» *(Velvet Belt)* genannte Landstrich entlang der Grenze zu Florida ist klassisches Plantagenland. An die siebzig der alten Güter soll es noch geben – die meisten im Besitz von dollarschweren Nordstaatlern, die, angelockt von traumhaften Sommern und milden Wintern, hier seit hundert Jahren jagend, fischend und golfend Erholung suchen.

Reisende, die ihren nordwestlichen Kurs beibehalten, gelangen an eine Geländestufe, die in grauer Vorzeit Ufer eines Meeres war. Diese zieht sich diagonal durch ganz Georgia – von Augusta über Milledgeville und Macon bis nach Columbus. Man hat sie «Fallinie» *(Fall Line)* getauft, weil sie den nach Süden fließenden Wassern ein abruptes Gefälle verleiht. Klar, daß hier einst die Flußschiffahrt ins Landesinnere endete, aber auch, daß sich die geballte Wasserkraft industriell würde nutzen lassen. Obendrein wurde entlang dieser Linie reichlich Kaolin (Porzellanerde) entdeckt, dessen Abbau zu einem bedeutenden Wirtschaftsfaktor geworden ist. Jenseits der Stufe liegen die Vorberge der Appalachen, das Piedmont-Plateau.

Das Piedmont stellt sich dem Betrachter als sanft gewelltes, nach Norden ansteigendes Hügelland dar, in dem vereinzelte Granitmassive wie Stone Mountain

Fortsetzung Seite 24

Georgia ist für seine gute traditionelle Südstaatenküche bekannt, serviert in gemütlicher Atmosphäre.

Obwohl «Mrs. Wilke's Dining Room» in Savannah inzwischen kein Geheimtip mehr ist, sind die Dinner immer noch familiär, die Gerichte phantastisch und die Portionen kaum zu bewältigen.

Im Süden legt man Wert auf Stil und Tradition, wie dieser stolz präsentierte Wohnraum in Savannah zeigt.

Die Abendstimmung am Savannah River erleben, eine Jazzkneipe besuchen oder einfach einen Mint Julep, den klassischen Südstaaten-Cocktail mit frischer Minze, in entspannter Atmosphäre genießen – einen Besuch der berühmten River Street (oben und unten) sollte man in Savannah keinesfalls auslassen.

KING COTTON

Die Baumwollbörse in Savannah

An der Bay Street erinnert das prächtige alte Gebäude der Cotton Exchange an die Zeit, als hier das Herz des «Königreichs der Baumwolle» schlug und der Baumwollboom Savannah zu einer der reichsten und schönsten Städte Amerikas machte.

Zwischen Bay und River Street erhebt sich eine Zeile imposanter Bauten, deren Fassaden man ansieht, daß die guten Zeiten längst vorbei sind. Hier residierten Banken, Reedereien, Eisenbahngesellschaften, Speditionen und Anwälte, als Savannah im letzten Jahrhundert Amerikas bedeutendster Baumwollhafen war. Als eine Art Symmetrieachse dieses Ensembles präsentiert sich ein hanseatisch anmutender Ziegelbau – die Baumwollbörse *(Cotton Exchange)*, die nach einem Entwurf des Bostoner Architekten William Gibbons Preston 1887 für 40 000 Dollar errichtet worden war. Eine Zeitlang wurden hier die Weltmarktpreise für Baumwolle diktiert.

Der Dichter William Cullen Bryant stand 1843 fassungslos vor gewaltigen Bergen von Baumwollballen, die von endlosen Wagenkolonnen, Flußdampfern und Güterzügen unablässig in die Stadt gebracht wurden; 1856 sprach man gar vom Baumwollwahn, der in Georgia ausgebrochen sei. In Jahren der Hochkonjunktur wurden im Hafen Savannahs über zwei Millionen Ballen umgeschlagen und von knapp zweitausend Schiffen vor allem nach England und Neuengland gebracht. Im Schnitt wog ein Ballen *(bale)* 250 Kilogramm.

Ermöglicht wurde Georgias Baumwollboom durch verschiedene Umstände: Zunächst hatte man geglaubt, Baumwolle ließe sich nur an der Küste anbauen, bis man entdeckte, daß eine Hochlandvariante im Piedmont gedieh. 1793 erfand Eli Whitney die *Cotton Gin*, eine Maschine, mit der das mühsame Geschäft der Trennung von Baumwollfasern und Samen stark beschleunigt und so die steigende Nachfrage aus Europa befriedigt werden konnte.

Oben: Das imposante Gebäude der Baumwollbörse in Savannah. – Mitte: Baumwollfelder in Georgia. – Unten: Fruchtkapseln mit den weißen «wolligen» Samenhaaren.

Infrastrukturell bescherte das Baumwollgeschäft Georgia im 19. Jahrhundert schmucke Landstädte, ein leistungsfähiges Netz von Wasserstraßen und Eisenbahnen und – nach dem Bürgerkrieg (1861 – 1865) – eine bodenständige Textilindustrie. Allerdings hatte der Boom auch Nachteile: Weil Georgias Baumwollbauern 140 Jahre lang nur das «weiße Gold» im Kopf hatten, nahmen sie eine Auszehrung des ehemals fruchtbaren Bodens in Kauf, bis davon nur noch kärgliche rote Erde übrigblieb.

Als noch katastrophaler erwies sich die Verbindung zwischen Baumwolle und Sklaverei. Das Plantagensystem – in Georgia zwar nicht so entwickelt wie in anderen Südstaaten – brach mit der Abschaffung der Sklaverei 1863 zusammen. Sklaven waren bis dahin investiertes Kapital, das nun abgeschrieben werden mußte. In dem patriarchalischen System waren sie wie unmündige Kinder behandelt worden, die jetzt plötzlich in die Freiheit entlassen wurden. Es entstand ein schwarzes und weißes Proletariat, das für ungewisse Ernteanteile den ausgelaugten Boden bearbeitete. In den Keller fallende Baumwollpreise um die Jahrhundertwende beschleunigten den wirtschaftlichen Niedergang, der durch den Ersten Weltkrieg vorübergehend aufgehalten wurde. Heute sind die 360 Straßenkilometer zwischen Athens und Savannah von dichtem, schnellwachsendem Wald gesäumt. Noch vor fünfzig Jahren hätte sich der Reisende in einem Meer von Baumwolle bewegt. *Friedrich W. Horlacher*

eigenwillige Akzente setzen. Meistens freilich führen die Straßen durch schier endlose, von dem allgegenwärtigen Kudzu (siehe Seite 71) überwucherte Waldungen, in denen sich Weide- und Ackerland wie liebliche Oasen ausnehmen. Wer bei diesem Bild an Lichtungen denkt, die in der Pionierzeit in die Wildnis geschlagen wurden, irrt sich: Denn wo heute Wälder stehen, wuchs noch vor wenigen Jahrzehnten Baumwolle; *King Cotton* ist von schnellwachsenden Hölzern abgelöst worden, die in die Papierfabriken des Landes wandern. An die «gute alte Zeit» erinnern allenfalls die von prächtigen Säulen, Veranden und Bäumen umgebenen Villen in den verschlafenen Landstädtchen Mittel-Georgias – und Georgias vielzitierter *red clay*, eine tonhaltige rote Erde, die zurückgeblieben ist, wo Baumwolle die Ackerkrume zerstört hat.

Der äußerste Norden des Staates wird beherrscht von den Bergen des Blue Ridge und der Smokies, südliche Ausläufer des Appalachen-Gebirgssystems, dessen höchste Erhebung innerhalb Georgias, Brasstown Bald, knapp 1500 Meter erreicht. Nichts mehr ist zu spüren von der feuchten Hitze des Tieflandes. Weitläufige Wälder, wildwachsender Rhododendron und Oleander, glitzernde Wasserfälle und Seen entfalten eine Farbenpracht, die sich im Herbst zu einem Farbenrausch verdichtet. Und einen Winter scheint es ebenfalls zu geben, wie ein paar Skihänge glauben machen wollen. Kein Wunder, daß der Tourismus zu einer wichtigen regionalen Einkommensquelle geworden ist – auch dank dem berühmten *Appalachian Trail*, einem über dreitausend Kilometer langen Wanderweg, der in Nord-Georgia beginnt.

VON TEMPELN UND EROBERERN

In Georgia haben sich, bezogen auf die Fläche des Staates, mehr Ortsnamen indianischen Ursprungs halten können als irgendwo sonst in den USA. Einer davon ist *Etowah* im Nordwesten. Dort befinden sich sogenannte Mounds, Zeugnisse vorgeschichtlicher menschlicher Präsenz in Form von riesigen Erdhügeln, wie sie auch in Kolomoki und Ocmulgee sowie, weiter westlich, in der Mississippi-Ebene anzutreffen sind. Den Archäologen gaben sie lange Zeit Rätsel auf. Erst als man sie mit den Tempelbauten der Tolteken, Azteken und Mayas in Mexiko in Verbindung brachte, erkannte man, daß es sich um stumpfe Pyramiden handelte.

In Etowah sind es deren drei, die mächtigste sechs Stockwerke hoch. Sie bilden ein Ensemble, das kultisches und kommunales Zentrum einer bewehrten Ansiedlung war. In den beiden kleineren Pyramiden bestatteten die rund dreitausend Bewohner vor achthundert und mehr Jahren ihre Toten, auf der höchsten stand der Tempel. Während man aber in Mexiko mit Stein und Mörtel baute, türmte man hier Geröll und Erde aufeinander. Von den

Knorrige, vom Wind gebeugte Bäume am Strand von Jekyll Island.

Vom Leuchtturm auf St. Simons Island bietet sich ein schöner Blick auf Jekyll Island und Brunswick.

Morgenstimmung auf Jekyll Island. Die ehemalige Millionärsinsel ist heute vor allem Reiseziel von Bade- und Naturfreunden.

Nur dreißig Kilometer von Savannah entfernt und durch eine Straße mit dem Festland verbunden wartet Tybee Island mit türkisblauem Wasser, weiten Sandstränden und vielen Freizeitangeboten auf Besucher.

Exklusive Villen, umgeben von Eichenwäldern und ausgedehnten Marschlandschaften: Blick auf Sea Island.

Baumwollfeld in Süd-Georgia. Bis zum Ende des 18. Jahrhunderts war Tabak das wichtigste Exportgut der Südstaaten, doch mit der Erfindung der *Cotton Gin*, die die maschinelle Verarbeitung der Baumwolle ermöglichte, gewann das «weiße Gold» zunehmend an Bedeutung.

Im Herbst ist Erntezeit für Kürbisse. Die schönsten Exemplare werden traditionell benützt, um Gespensterköpfe für Halloween, die Spuknacht im November, zu schnitzen.

aus Holz gebauten Tempeln und Hütten sind nur noch Bruchstücke erhalten. Die *Mound Builders* waren Bauern und Jäger und wurden von einer Aristokratie regiert; künstlerisch brillierten sie als Bildhauer, Kupferschmiede, Töpfer, Holzschnitzer und Korbflechter – Ähnlichkeiten in den architektonischen und künstlerischen Ausdrucksformen unterstützen die These, daß es schon damals durch nach Norden ziehende mexikanische Pyramidenbauer Kontakte zwischen den indianischen Kulturen gab. An manchen Orten hinterließen die Pyramidenbauer Kultstätten in Gestalt eines Tieres *(Effigy Mounds)*. So erhebt sich in Mittel-Georgia der *Rock Eagle Effigy Mound* in Gestalt eines Raubvogels.

Als sich die ersten Europäer im frühen 16. Jahrhundert in diese Gegend verirrten, waren die Indianer der sogenannten Mississippi-Kultur verschwunden; an Stelle dieser trafen sie auf hochgewachsene, in der warmen Jahreszeit fast nackte Menschen, die ihre Körper tätowierten. Die kahlen Schädel der Männer zierte eine Skalplocke. Ob sie von den Pyramidenbauern abstammten, ist ungewiß. Sie nannten sich Creek, Cherokee, Yamasee, Chickasaw und Choctaw und lebten in Dörfern, deren Zentrum ein Dorfplatz mit einem Versammlungshaus war. Sie bauten Mais, Bohnen und Kürbisse an und betrieben Vorratswirtschaft; Aussaat und Ernte waren – ganz «unindianisch» – auch Männersache. Ausschließlich Angelegenheit der Männer waren die als besonders grausam bekannten Kriegszüge. Ehemänner wurden in die Familie ihrer Frauen aufgenommen. Weil man Schwiegermütter als Problem erkannt hatte, pflegte man das «Schwiegermutter-Tabu», ein strenges Redeverbot zwischen selbiger und ihrem Schwiegersohn. Die einzelnen Dörfer stellten Kleinstaaten dar, die von einem «König», manchmal von einer «Königin», regiert wurden. So jedenfalls wurden die Herrscher von den Europäern getauft, vielleicht, weil sich diese von ihrem Volk in Sänften tragen ließen.

In diese mehr oder weniger geordnete Welt brachen zunächst die Spanier, dann die Franzosen und schließlich auch noch die Engländer ein.

Der spanische Edelmann Juan Ponce de León hatte 1513 als erster Weißer Florida betreten und die Kolonie *La Florida* gegründet, die den ganzen Südosten der heutigen USA umfaßte. In Georgia begegnete den Indianern spanisches Erobererturn in Gestalt Hernando de Sotos, der einige Jahre zuvor Francisco Pizarro auf seinem grausamen Eroberungszug durch Peru begleitet hatte, und nun, 1539/40, mit einem Troß von sechshundert Söldnern auf der Suche nach Gold mordend, vergewaltigend, plündernd und brandschatzend durch Georgia zog. Vom Geist der Inquisition wurden französische Protestanten heimgesucht, die 1564 mit ihrer Siedlung Fort Caroline am St. Johns River im Norden Floridas von dem Katholiken Pedro Menéndez de Avilés ausgelöscht wurden. Menén-

Nach dem offiziellen Ende der Sklaverei 1863 verdingten sich viele Schwarze – unter ähnlich schlechten Bedingungen wie zuvor – auf den Plantagen. Auch Kinder arbeiteten weiterhin auf den Baumwollfeldern (Foto um 1910).

Ein Plantagenbesitzer beim Wiegen der gepflückten Baumwolle (handkoloriertes Foto aus dem Jahr 1910).

Eine Baumwollpflückmaschine wird getestet, indem man ein Wettpflücken zwischen drei Arbeitern und der Maschine veranstaltet (Foto aus dem Jahr 1936).

dez gründete St. Augustine in Florida und Santa Helena auf Parris Island, South Carolina, von dem aus spanische Jesuiten bis in den Norden des späteren Virginia vorstießen. Santa Helena wurde 1587 geräumt. Spanische Gebietsansprüche nach Norden wurden fortan von St. Augustine aus geltend gemacht.

Die Okefenokee-Sümpfe sind nicht nur das Reich der Alligatoren, sondern auch ein Rückzugsgebiet für so selten gewordene Tiere wie den Schwarzbären (oben). Vögel sieht man dagegen häufig: Allein in den Sümpfen wurden über 230 verschiedene Arten gezählt (Mitte und unten).

GRÜNDERZEIT

Die britische Präsenz in Georgia begann mit einem logistischen Witz. König Georg II. ließ 1720 an der Stelle, an der sich die Flüsse Oconee und Ocmulgee zum Altamaha vereinen, ein Fort seines Namens zum Schutz Carolinas errichten. Isoliert stand Fort King George in Süd-Georgia, losgelöst vom Schutzobjekt und fern aller Nachschubwege. Im Jahr 1726 brannte es ab – vermutlich mit Unterstützung der frustrierten Besatzung. Dem Wiederaufbau folgte 1727 die endgültige Schließung, weil sich die meuternde Mannschaft weigerte, sich um ihr Trinkwasser zu kümmern.

Eine Kolonie im Süden Carolinas schien das bessere Sicherheitskonzept, zumal eine der von Oglethorpe ausgedachten Sorte. Investoren, getrieben von kaufmännischen, imperialistischen, missionarischen und philanthropischen Motiven, fanden sich mehr als genug, und mittellose Engländer bewarben sich um eine Fahrkarte in solcher Zahl, daß rigoros sortiert werden mußte. Entlassene Strafgefangene hatten also kaum eine Chance, was die Nachwelt aber nicht daran hinderte, Georgia das Image einer Häftlingskolonie anzudichten.

Mitte November 1732 segelte die Fregatte «Ann», beladen mit 114 auserwählten Auswanderern und zehn Tonnen «des besten Bieres vom Ratsherrn Parson», von England gen Amerika. General James Oglethorpe, ausgestattet mit einer befristeten Vollmacht des Königs, leitete das Unternehmen höchstselbst. Am 13. Februar 1733 landete man an einer sorgfältig gewählten Stelle über dem Savannah River, die sich gegen Eindringlinge von der Landseite verteidigen ließ und flußauf wie flußab freie Sicht gewährte. Die dort heimischen Yamacraw-Indianer mit ihrem Häuptling Tomocheechee hatten nichts dagegen, und die Creek-Indianer ließen sich sogar auf einen Vertrag ein, der den Engländern das Siedlungsrecht auf einem Teil ihres Gebietes garantierte.

Oglethorpes Plan sah eine Stadt vor, bestehend aus Kommunen *(Wards)* in der Kommune. Jeder dieser Bezirke sollte sich um einen quadratischen Platz gruppieren, an dessen Nord- und Südseite jeweils zwei Zehnerblöcke von Baugrundstücken gleicher Größe auszuweisen waren, während Ost- und Westseite für kommunale Zwecke reserviert bleiben sollten. Der Urheber versprach sich von dieser Konstruktion mehr Bürgersinn; im Verteidigungsfall hatte sich das *Ward* als militärische

Ein Ausflug in das «Land der zitternden Erde», wie die Indianer die Okefenokee-Sümpfe nannten, ist mit dem Kanu besonders eindrucksvoll: Leise gleitet man durch das blauschwarze Wasser, vorbei an Kiefern und Zypressen, Schilfdickichten und unzähligen Wasserblumen.

Bootsfahrt auf dem malerischen Suwannee River, der die Okefenokee-Sümpfe entwässert.

Georgias subtropische Küstenwälder sind noch weitgehend unberührt und ein Refugium für zahlreiche Tier- und Pflanzenarten.

Alligator vor Mangroven und Palmetto. Die Okefenokee-Sümpfe zählen nicht nur zu den größten und ältesten Sumpfgebieten der USA, sondern auch zu den ökologisch gesündesten.

Einheit zu verstehen. Neben einem Bauplatz wurde jedem Haushaltsvorstand – nur Männer konnten sich qualifizieren – fünf Tagwerk *(acres)* Gartenland am Stadtrand und 45 Tagwerk Ackerland draußen vor den Toren zugeteilt. Eine kommunale Versuchsanstalt, der Treuhändergarten, sollte die Kolonie mit geeigneten pflanzlichen Züchtungen versorgen. Je zehn Tagwerk gerodeten Landes mußten hundert Maulbeerbäume für die Seidengewinnung gepflanzt werden.

Die Garten- und Ackerparzellen sind längst zubetoniert, und an den Treuhändergarten, der irgendwann nicht mehr finanzierbar war, erinnert noch eine Gedenktafel. Die Seidenproduktion erwies sich als unrentabel und wurde schließlich eingestellt. Nur Oglethorpes Stadtplan hat den Wandel überstanden, wie ein Bummel durch das alte Savannah zeigt.

Satellitensiedlungen wurden unter strategischen Gesichtspunkten angelegt. Salzburger Protestanten, die sich der religiösen Verfolgung in ihrer Heimat entziehen wollten, betraten 1734 die Bühne und durften 35 Kilometer flußaufwärts ihr Ebenezer gründen. Zum Schutz der Südgrenze ließ Oglethorpe Fort Frederica auf St. Simons Island bauen; Schotten richteten sich in Darien ein.

Von einer Dienstreise in die Heimat, auf der ihn Freund Tomocheechee und Familie begleitet hatten, brachte Oglethorpe weitere Siedler und eine königliche Schutzmacht in Regimentsstärke mit. Dennoch stagnierte die Kolonie. Wenn der inzwischen zum General ernannte Oglethorpe unterwegs war, gab es keinen, der das Heft in die Hand genommen hätte. Die Zahl der Unzufriedenen wuchs – die einen jammerten über die Moskitos, andere fanden die Sommer zu heiß und die Winter zu kalt; manche klagten über Krankheiten, obwohl ihnen doch ein gesundes Klima versprochen worden war. Am schlimmsten aber war, man hatte keinen Schnaps, keine Sklaven und zu wenig Land – und mit dem bißchen durfte man nicht einmal verfahren wie man wollte. Die Treuhänder im fernen London murrten, weil ihnen Oglethorpe zu selbstherrlich schien. Ohne zu fragen, hatte er jüdische Familien in Savannah aufgenommen, denn die Charter verwehrte nur Katholiken den Zutritt. Zufrieden waren eigentlich nur jene, die am profitablen Tauschgeschäft mit den Indianern beteiligt waren.

Obendrein rumorte es zwischen 1739 und 1742 auch noch an der Südgrenze, wo die Spanier in Florida dem englischen Treiben nicht tatenlos zusehen wollten. Sie mußten es schließlich doch, nachdem sich ihr Angriff auf Fort Frederica als Bumerang erwiesen hatte. Die Abwehr der Spanier in der Schlacht von Bloody Marsh war gleichzeitig Oglethorpes letzter größerer Auftritt. Desillusioniert kehrte er 1743 seiner Kolonie den Rücken. Die Treuhänder machten es ihm nach und gaben 1752, ein Jahr eher als geplant, die Charter an den König zurück.

Auch Graufüchse zählten schon zu den gefährdeten Tieren in den USA. Durch strenge Schutzmaßnahmen haben sich jedoch die Bestände wieder vermehrt.

Junger Alligator. Die Tiere schlüpfen nach sechzig bis neunzig Tagen aus den Eiern und begleiten ihre Mutter noch Monate.

Gut getarnt gleitet dieser Alligator durch das algige Wasser. Die Reptilien können bis zu fünfzig Jahre alt und über fünf Meter lang werden.

Maismehl ist die Grundlage für Grits, eine Art Maisgrütze, die im Süden viel gegessen wird. Dieser junge Mann preist sein Maismehl auf der Sunbelt Agricultural Expo in Moultrie, Süd-Georgia, an.

Georgia wurde eine gewöhnliche Kronkolonie mit Rum und Sklaven, und an Stelle der sozialistischen Ideen Oglethorpes traten rein wirtschaftliche Interessen.

STURM UND DRANG

Nun begann der langsame Aufstieg der Kolonie. An ihre Spitze wurde ein Gouverneur beordert. Träume vom Anbau von Oliven, Orangen und Wein gab man auf, produzierte stattdessen Bauholz, Reis und Fleisch, belieferte den Markt mit Häuten und Fellen aus dem Indianerhandel und verlagerte allmählich das Geschehen mehr und mehr vom Atlantik ins Landesinnere.

In der Gründerzeit stellte sich Georgia als eine Ansammlung von Siedlungen entlang der Küste und des Savannah River dar. Nach Westen hatten sich Oglethorpe und die Creek-Indianer auf den Ogeechee River als Grenze geeinigt. Im Frieden von Paris 1763, in dem die Scherben des Siebenjährigen Kriegs gezählt wurden, fielen Florida und der gesamte französische Besitz östlich des Mississippi an die Briten. Georgia erhielt mit dem St. Mary's River eine neue und endgültige Südgrenze. Gleichwohl wurden die Blicke auf die besseren Böden im Besitz der Creek und Cherokee immer begehrlicher. Die Krone ließ sich 1763 und 1773 dazu bewegen, beiden Völkern große Gebiete im Piedmont abzukaufen.

Die geglückte amerikanische Revolution von 1776, die in Georgia zu einem Bürgerkrieg zwischen Königstreuen und Rebellen geführt hatte, veränderte die Landkarte erneut. Der jetzt souveräne Staat – ohne königlichen Gouverneur – erhob Anspruch auf das gesamte westliche Hinterland bis hin zum Mississippi und verärgerte damit South Carolina und Spanien. Ein Verzicht zugunsten des Bundes hätte den Konflikt lösen können, Georgia aber wollte nicht. Weiße Zuwanderer wurden mit Landgarantien geködert. Jedem Familienoberhaupt wurden zweihundert Tagwerk versprochen und fünfzig weitere für jedes Familienmitglied. Kriegsveteranen erhielten, je nach Dienstgrad, zwischen zweihundert und zweitausend Tagwerk. Das nach diesem «Kopfrecht» besiedelte Georgia präsentiert sich noch heute aus der Vogelperspektive als ein landschaftlicher «Fleckerlteppich».

1795 veräußerte der Staat zu Spottpreisen ein Riesenstück seines Westens an private Investoren. US-Präsident George Washington, selbst erfahren in Spekulationsgeschäften, befürchtete Schlimmes. Zu Recht, denn es kam zum «Yazoo-Landschwindel» *(Yazoo Land Fraud)*, einem der größten Korruptionsfälle der amerikanischen Geschichte: Parlamentarier, 1786 von Savannah in die neue Hauptstadt Augusta umgezogen, hatten sich ihr Ja zum Verkauf des Landes mit einer Beteiligung an den Spekulationsgewinnen bezahlen lassen. Eine neugewählte

Auf der Sunbelt Agricultural Expo in Moultrie wird eine Motorsäge vorgeführt. Die Holzindustrie spielt im waldreichen Georgia noch immer eine bedeutende wirtschaftliche Rolle.

Vor dem Bürgerkrieg war die Jagd mit Pferden und Hunden ein wichtiger Bestandteil im Leben der weißen Pflanzer, und noch heute wird diese Leidenschaft in Georgia gepflegt. Dieser Farmer auf der Campbell Farm bei Albany bereitet sich auf die Wachteljagd vor.

Volksvertretung – jetzt in der noch neueren Hauptstadt Louisville – erklärte 1796 alle Yazoo-Transaktionen für null und nichtig, trat 1802 sämtliche Ansprüche auf Land westlich des Chattahoochee River an die Bundesregierung ab und akzeptierte damit die heutige Westgrenze Georgias. Das Geschäft kostete den Bund eineinviertel Millionen Dollar (die Georgia vor dem Staatsbankrott retteten) und das schicksalsträchtige Versprechen, die Umsiedlung der Creek und Cherokee in westliche Reservationen zu betreiben, obwohl diesen schriftlich das Bleiberecht gegeben worden war. Damit Yazoo sich nicht wiederhole, wurde Siedlungsland künftig im Rahmen von Landlotterien verlost. Das gleichförmig-rechtwinklige Flurmuster, das für die westlichen zwei Drittel Georgias charakteristisch ist, erinnert daran.

Der Landboom löste eine Invasion aus dem Norden aus. Bei den Neuankömmlingen handelte es sich meist um derbe Hinterwäldler aus North und South Carolina, Virginia und Neuengland, die von den Indianern verächtlich *Virginier* und von Gouverneur Sir James Wright angewidert *Crackers* (Prahlhänse) genannt wurden, ein Name, der haftengeblieben ist. Manche kamen mit schwarzen Sklaven. Zu den liebsten Vergnügungen der *Crackers* zählten wüste Raufhändel, bei denen sich die Kontrahenten vor dem Kampf mit Drohgebärden und Sprüchen plusterten wie die Gockel.

Fortsetzung Seite 43

In Georgia erinnern nicht nur die imposanten Plantagenvillen an die Zeit vor dem Bürgerkrieg, auch viele Städte strahlen mit ihren historischen Bauten das Flair des Alten Südens aus. Herausragendes Beispiel ist Savannah mit seinen wunderschönen Antebellum-Häusern, schattigen Innenhöfen, umlaufenden kunstvollen Balkonen und vielen anderen liebevollen Details.

BAUEN FÜR DIE EWIGKEIT

Historische Architektur in Georgia

Zu den Mächtigen Savannahs in den 1820er Jahren zählte der Rechtsanwalt und Bauunternehmer Thomas Gibbons. Bei seinen Geschäften geizte er weder mit Geld noch mit gutem Rat. Seinem Sohn William riet er: «Leb so, als wäre jeder Tag dein letzter, aber wenn du baust, tu so, als sei es für die Ewigkeit.» Ewigkeiten freilich währen manchmal nicht einmal Jahrzehnte – sogar in Savannah, dessen Altstadt zu Recht als architektonisches Juwel Anglo-Amerikas gehandelt wird.

Die Pioniere und frühen Siedler bauten in Georgia zunächst Blockhütten, die man durch Anbau oder Aufstockung in ein Blockhaus verwandeln konnte. Häufiger schuf man sich zusätzlichen Raum, indem man seiner Behausung eine zweite gegenüberstellte und den Zwischenraum überdachte. Dieser Haustyp *(dogtrot house)* wurde im ländlichen Südwesten Georgias

Elegante Antebellum-Villa in Madison.

noch bis ins 20. Jahrhundert gebaut. In Savannah wurde in der späten Kolonialzeit die Blockbauweise von der Schindelbrettkonstruktion *(clapboard house)* abgelöst. Da vor allem Holz verarbeitet wurde, sind Zeugnisse dieser Gründerzeitarchitektur rar. Die Salzburger in Ebenezer begannen zwar bereits 1734 mit der Produktion von Ziegeln, und auch *tabby*, ein als unbegrenzt haltbar geltendes Gemisch aus Austernschalen, Kalk, Sand und Wasser, fand als Baustoff Verwendung. Aber selbst davon zeugen nur noch ein paar Ruinen – zum Beispiel auf St. Simons Island, Jekyll Island oder die Wormsloe Plantation auf der Isle of Hope. Unversehrt geblieben ist hingegen James Oglethorpes grandioser Entwurf einer Grenzlandkommune, nach dem Savannah erbaut wurde.

Savannah war im 19. Jahrhundert der architektonische Trendsetter für Georgia. Ein Großfeuer hatte die Stadt 1796 weitgehend vernichtet. Baumeister und Handwerker waren gefordert, und sie kamen von weit her – vor allem aus Neuengland. Sie bauten zunächst schöne Holzhäuser, die durch ein Balkengerüst zusammengehalten wurden *(frame house)* und auf einem ebenerdigen, gemauerten Untergeschoß ruhten. Zum Wohnbereich führte eine Außentreppe. Man hoffte, mit dieser Bauweise «giftigen Dämpfen aus der Erde» zu entgehen, die vermeintlich Malaria verursachten. Flußaufwärts in Augusta versprach diese Konstruktion Schutz vor Hochwasser.

Mit dem wachsenden Wohlstand, der mit der Baumwolle kam, stiegen auch die Ansprüche. Englisch-koloniales Bauen mit seiner Schlichtheit nach außen, aber einem Sinn für erlesen-gediegenes Interieur, wurde modifiziert und im Greek-Revival-Stil durch Formen der römischen und griechischen Antike – die Archäologie hatte gerade Bedeutendes ans Licht gebracht –, oder im Gothic-Revival-Stil durch die Erinnerung an die Gotik ergänzt. Das Ergebnis ist hinreißend: Säulen, Gestaltung von Fassaden, Dächern, Kuppeln, Fenstern, Türen, Treppen und Außenanlagen, räumliche Proportionen, Farb- und Lichteffekte, Dekor und Innenausstattung der Häuser rauben dem Besucher den Atem. Herausragende Beispiele sind das Davenport House (Architekt Isaiah Davenport), Owens-Thomas House (William Jay) und Green-Meldrim House (John S. Norris) in Savannah, aber auch in Städten wie Athens, Augusta, Columbus, Eatonton, Louisville, Macon, Madison, Milledgeville oder Washington stößt man auf Villen und historische Architekturensembles, die noch immer den Charme und die Pracht des Alten Südens ausstrahlen. *Friedrich W. Horlacher*

Das Carmichael House (oben) und das berühmte Hay House (unten) in Macon.

«Antike» Statuen vor dem 1819 erbauten Telfair Mansion in Savannah.

In vielen kleinen Städtchen Georgias, die heute provinziell-verschlafen wirken, zeugen prachtvolle historische Bauten vom einstigen Reichtum durch die Baumwollplantagen. Im Bild Monticello.

Die Antebellum-Villa der Familie Berry in Oak Hill bei Rome. Aus der von Martha Berry 1902 gegründeten Schule in den Bergen Nord-Georgias wurde inzwischen das renommierte Berry College.

Die Callaway Gardens bei Pine Mountain gehören zu den schönsten Parklandschaften Georgias.

Das ursprünglich aus Asien stammende Rankengewächs Kudzu überwuchert ganze Landstriche im Süden der USA.

Eine besondere Attraktion der Callaway Gardens bei Pine Mountain ist das Day Butterfly Center, ein riesiges Glashaus mit tropischen Pflanzen und Tausenden von freifliegenden farbenprächtigen Schmetterlingen.

Nun mußte Platz für die weißen Siedler geschaffen werden. Leichtes Spiel hatte man mit den Creek-Indianern. Sie hatten sich den Briten gegenüber immer loyal verhalten und mußten nach der Revolution erkennen, daß sie auf der falschen Seite standen. Georgias Gouverneur George Troupe drohte mit Krieg gegen die Vereinigten Staaten, sollte Washington das Versprechen von 1802 nicht einlösen, das Land von den Indianern zu «säubern». Als Feinde und Verräter wurden die Creek in den 1820er Jahren über den Chattahoochee gejagt.

Mehr Ärger gab es mit den Cherokee, die sich «zivilisiert» hatten im Sinne Anglo-Amerikas: Sie waren Christen und Bauern geworden – einige sogar Plantagenbesitzer und Sklavenhalter –, hatten sich eine Verfassung nach US-amerikanischem Muster gegeben, hatten auf der Grundlage eines von Joseph Sequoya entwickelten Alphabets Lesen und Schreiben gelernt und unterhielten eine zweisprachige Tageszeitung, den «Cherokee Phoenix». Und doch half all das gar nichts, weil Georgia eine zweite Verfassung innerhalb des Staates für umstürzlerisch hielt, ein erprobter Kämpfer an der Indianerfront, Andrew Jackson, Präsident der Vereinigten Staaten wurde (1829 – 1837) und das von De Soto einst so begehrte Gold bei Dahlonega im Cherokeeland entdeckt wurde. Die Indianer mußten weichen. Viele gingen freiwillig, aber es kam auch zu Greueltaten. Die etwa 15 000 verbliebenen Cherokee wurden 1838 von der US-Armee nach Oklahoma deportiert. Der Opfergang kostete Tausenden von ihnen das Leben und ging als «Pfad der Tränen» *(Trail of Tears)* in die amerikanische Geschichte ein.

DAS IMPERIUM DES SÜDENS

Zwischen 1790 und dem Bürgerkrieg geschah Erstaunliches in Georgia. Die Zahl der Einwohner stieg von 82 000 auf über eine Million – fast die Hälfte davon Schwarze. 1830 produzierte Georgia mehr Baumwolle als jeder andere US-Staat. Die Produktion schnellte von 1000 Ballen 1790 auf 90 000 Ballen 1820 und von 400 000 im Jahr 1840 auf über 700 000 zwei Jahrzehnte später.

Savannah entwickelte sich zu einem Seehafen von Rang – mit regelmäßig befahrenen Frachtrouten nach England, New York, Philadelphia, Baltimore, Boston, Charleston und den karibischen Inseln. Von Savannah ging 1819 die erste Atlantiküberquerung mit einem Dampfschiff aus. Der Hafen profitierte von einem nach 1830 entstandenen Eisenbahnnetz, das ihn mit den Handelszentren Augusta, Macon und Columbus, aber auch mit den neuen Territorien und Staaten weiter westlich verband. Knotenpunkt des Systems war *Terminus*, das noch vor dem Bürgerkrieg in Atlanta umbenannt wurde. Angesichts solchen Wachstums machten Neider und Spötter ihre Witze über das «Imperium des Südens».

Oben und unten: Mit historischen Kostümen wird auf dem Civil War Reenactment in Rome an den Bürgerkrieg erinnert.

Mitte: Cidre-Verkäufer beim Arts Festival in Rome.

Eine entscheidende Rolle im Baumwollboom spielte Eli Whitney, ein Yankee aus Connecticut. Seekrank auf einem Schiff zwischen New York und Savannah hatte er Gesprächen gelauscht, die sich um das ungelöste Problem der Trennung von Baumwollsamen und Fasern drehten. 1793 präsentierte er mit der *Cotton Gin* eine Maschine, die das Trennverfahren sensationell beschleunigte und Personal und Kosten sparen half. Hinzu kam, daß sich die *Crackers* unter dem Einfluß einer religiösen Erweckungsbewegung *(The Great Awakening)*, die ganz Anglo-Amerika erfaßt hatte, zu gottesfürchtigen und arbeitsamen Menschen wandelten. Denn weltlicher Wohlstand wurde als Zeichen gedeutet, daß man von Gott auserwählt sei, während man Wissen eher dem Teufel zuordnete. Diese antiintellektuelle Botschaft bestärkte die Menschen in ihrem Analphabetentum, förderte aber auch gewisse nutzbringende Tugenden und wirkte so zivilisierend. Die große Bedeutung von Religionen und Sekten brachte den Südstaaten den Namen Bibelgürtel ein, und die Nachkommen der *Crackers* folgen fundamentalistischen Rattenfängern heute noch in Scharen.

In der Gesellschaftsordnung der Hinterwäldler war die Plantage, wie sie sie von Virginia her kannten, die beherrschende Metapher. Mancher schaffte denn auch den Aufstieg vom Farmer zum Pflanzer. Die weitaus meisten jedoch waren Kleinbauern geblieben und viele bestellten ihre Felder noch immer ohne fremde Hilfe. Aber selbst diejenigen hielten ein System, in dem schwarze Sklaven weißen Herren dienten, für die natürlichste und beste aller denkbaren Ordnungen. Bibel und Bankkonten schienen ihnen recht zu geben.

Die Herren sahen sich in dieser Hierarchie als Patriarchen, was den Frauen oft wenig Spielraum ließ. Sklaven waren Investitionsgüter und wurden deshalb gehalten wie teure Nutztiere: Man achtete sorgsam auf ihr körperliches Wohl, denn ein geschwächter, kranker oder toter Sklave war verlorenes Kapital. Gewisse Privilegien genossen jene, die im Herrenhaus Dienst tun durften. Inhuman war das System allemal, da Menschenwürde in tausend alltäglichen Situationen mit Füßen getreten wurde.

KRIEG UND «RECONSTRUCTION»

Diese für die Mehrheit der Weißen in Georgia heile Welt, in der jeder wußte, wo er stand oder zu stehen hatte, geriet 1861 aus den Fugen. Die Interessenskonflikte zwischen dem industriell geprägten Norden und dem agrarisch ausgerichteten, sklavenhaltenden Süden waren schon seit Jahrzehnten mit halbherzigen Kompromissen übertüncht worden. Die Geister hatten sich schließlich vor allem an der Frage des Fortbestands der Sklaverei geschieden. Seine Brisanz bezog das Thema aus der Tatsache, daß im Westen der USA neue Staaten zu gründen

Fortsetzung Seite 51

Nachgestellte Schlachten auf dem Civil War Reenactment in Rome (oben und unten). Auch wenn schon lange Gras über die Schlachtfelder und Schützengräben gewachsen ist – für die Menschen ist der amerikanische Bürgerkrieg immer noch ein aktuelles Thema. Allerdings machen Zorn und Trauer über die Niederlage des Südens zunehmend einer romantischen Verklärung der Antebellum-Epoche Platz.

«VOM WINDE VERWEHT»

Auf den Spuren eines Mythos

Über 25 Millionen verkaufte Buchexemplare und eine Verfilmung, die bislang rund 840 Millionen Dollar einspielte – «Gone With the Wind», das erste und einzige Buch von Margaret Mitchell aus Atlanta, wurde nicht nur einer der erfolgreichsten Romane der Welt, um Buch und Film entwickelte sich in Georgia auch ein beispielloser Kult mit Sonderbriefmarken, Kostümfesten, Ausstellungen und Wettbewerben, wer Scarlett O'Hara und Rhett Butler am ähnlichsten sieht. Denn der Roman über den Untergang des Alten Südens hat wie nichts sonst dessen Mythos bewahrt.

1

Das allenthalb verbreitete romantisch-verklärte Bild des Alten Südens spiegelt sich in der von Touristen tausendfach gestellten Frage «Wo ist Tara?». Tara, fiktive Plantage in dem Romanbestseller «Vom Winde verweht» und dessen nicht weniger erfolgreichen Verfilmung, ist zum Symbol einer in Mondlicht getauchten, von cremefarbenen Magnolienblüten umrahmten und von süßlich-schweren Düften durchdrungenen mythischen Landschaft und Lebensweise geworden, die weithin mit historischer Wirklichkeit verwechselt werden.
Geschaffen wurde das gewichtige Südstaatenepos von einer nur 1,50 Meter großen, überaus zierlichen Frau. Margaret «Peggy» Mitchell wurde am 8. November 1900 in Atlanta geboren. Ihr Vater, ein angesehener Rechtsanwalt, schickte sie auf renommierte Schulen. Als 1919 die Mutter starb, kehrte Peggy dem exklusiven Smith College in Massachusetts den Rücken und heim ins Elternhaus, um sich um Vater, Bruder und das gesellschaftliche Leben Atlantas zu kümmern. Man(n) riß sich um sie als Tänzerin, während die Hüter der Moral «Skandal! Skandal!» skandierten, als sie bei einem Wohltätigkeitsball einen gewagten Tanz aufs Parkett legte. Ihre erste Ehe ging nach

2

3

4

wenigen Monaten in die Brüche, worauf Peggy einen ihrer Trauzeugen, den Werbemanager John Marsh, heiratete.
Zwischen 1922 und 1926 schrieb sie für «The Atlanta Journal Magazine». Eine langwierige Knöchelverletzung bedeutete schließlich das Ende ihrer Reporterkarriere.

5

In den folgenden Jahren bastelte Margaret Mitchell an dem großen Südstaatenepos, dessen Rohfassung 1929 stand. Das Manuskript füllte schließlich einen ganzen Koffer. Als im Herbst 1935 H. S. Latham, stellvertretender Verlagsleiter von Macmillan, anklopfte, mochte sich Peggy zunächst nicht von ihrem Opus trennen. Latham aber war entschlossen, das Werk zu drucken. Mit John Marsh als Verbündetem trotzte er dem spröden Schreibwunder dann doch ein Okay ab. Schon am 30. Juni 1936 lag das Buch auf Amerikas Ladentischen. Der Kinofilm mit Vivien Leigh und Clark Gable in den Hauptrollen hatte im Dezember 1939 in Atlanta eine glanzvolle Premiere. Für die Filmrechte hatte der Produzent David O. Selznik die Rekordsumme von 50 000 Dollar gezahlt.
Margaret Mitchell hätte ein Medienstar sein können. Sie aber ließ nicht zu, daß die Turbulenzen um Buch und Film in ihre Privatsphäre hineinwirkten. Bis zu ihrem Tod durch einen Autounfall am 16. August 1949 lebte sie daher eher zurückgezogen.
In den ersten drei Wochen nach Erscheinen des Romans wurden 176 000 Exemplare verkauft; nach sechs Monaten waren es über eine Million. Fünfzig Jahre später

1 **Margaret Mitchell (Porträt um 1930).**

2 **Weltpremiere des Films «Vom Winde verweht» am 15. 12. 1939 im Lichtspielhaus «Loew's Grand» in Atlanta.**

3 **Filmplakat.**

4 **Clark Gable und Vivien Leigh als Rhett Butler und Scarlett O'Hara.**

5 **Der Krieg kommt nach Atlanta, Filmszene.**

6 **Scarlett als junges Mädchen in Tara, Filmszene.**

7 **Butterfly McQueen, Scarletts «Mammy», gibt Autogramme.**

8 **Anläßlich des 50. Jahrestags des Films findet im «Hyatt Regency» in Atlanta ein «Look-Alike Contest» statt.**

9 **Melly Meadows, professionelle Scarlett im Dienst von MGM, läßt sich auf Scarlett-Maß schnüren.**

6

nannte Macmillan eine Verkaufsziffer von 25 Millionen (mit Übersetzungen in 28 Sprachen). Dem Pulitzer-Preis 1937 folgten weitere Auszeichnungen. Selzniks Zelluloidversion wurde zum größten Kinohit aller Zeiten. TV-Ausstrahlungen wurden von Metro-Goldwyn-Mayer lange blockiert. Den Durchbruch schaffte 1974 die amerikanische NBC, die für eine Sendung des Films fünf Millionen Dollar bezahlte.
Um «Vom Winde verweht» entwickelte sich ein Kult. Signierte Buchexemplare, Editionen, Briefe, Puppen, Marmorbüsten, Porzellanstatuetten und andere Memorabilien wurden zu Sammelobjekten. Der Boom produzierte bedeutende Sammlungen an der University of Georgia und der japanischen Meisei Universität und trägt einen regelmäßig erscheinenden «Gone With the Wind Collector's Newsletter». Kinder, Straßen, Plätze, Schiffe und Flugzeuge werden noch immer auf den Namen Margaret Mitchells oder einer ihrer Fiktionen getauft. Gone-With-the-Wind-Geburtstage und -Jubiläen werden mit Sonderbriefmarken, Ausstellungen, Filmfestivals, Kostümfesten oder Scarlett O'Hara- und Rhett Butler-Doppelgängerwahlen gefeiert. Mitchellianer bemühen sich seit vielen Jahren um die Restaurierung von *The Dump* («Dreckloch»), das von Peggy so genannte Haus in Atlanta, in dem der größte Teil des Romans geschrieben wurde. Rechtzeitig für Olympia stiftete der Konzern Daimler Benz fünf Millionen Dollar für die Restaurierung.
Zu unfreiwilligen Förderern des Kultes wurden Peggys Ehemann John Marsh und ihr Bruder Stephens. Sie hüteten das Mitchellerbe wie einen Gral und hielten so Neugier und Begehren wach. Weil Peggy der Nachwelt nichts Persönliches überlassen wollte, verbrannte Marsh kurz vor seinem Tod ihre Briefe, Aufzeichnungen und – bis auf wenige Seiten, die in einem Tresor ruhen – das Manuskript des Romans. Stephens Mitchell, ein Anwalt, ließ aus dem gleichen Grund das Elternhaus in Atlantas Peachtree Street abreißen. Ansonsten füllten Plagiats- und urheberrechtliche Angelegenheiten und Prozesse zum Schutz der Mitchellinteressen sein berufliches Dasein. Einer Fortsetzung des Romans samt ihrer

7

8

9

Verfilmung widersetzte er sich bis in die achtziger Jahre, weil Peggy davon nichts hatte wissen wollen. Und wenn schon Fortsetzung, wollte er bestimmen, wer sie schrieb. Die Wahl fiel auf Alexandra Ripley, deren «Scarlett» (1991) auf Anhieb ein Bestseller und Filmerfolg wurde. Die Massen bewegte die Frage, ob Scarlett und Rhett doch noch zusammenfinden würden. Und wo ist Tara? – Die Filmkulisse lagert, zerlegt in ihre Einzelteile, in einem Schuppen bei Atlanta.

Friedrich W. Horlacher

Blick auf die hügelige Waldlandschaft bei Jasper in Nord-Georgia.

Das Arts Festival in Rome. Auf den häufig stattfindenden Festivals und Märkten werden vor allem Produkte aus der Region zum Kauf angeboten (oben und unten).

waren, die das politische Gleichgewicht nach der Pro- oder der Kontra-Seite hätten verschieben können. Die Verhärtung der Fronten hatte 1854 zur Gründung der Republikanischen Partei geführt, eine Sammelbewegung der Sklavereigegner, die mit Abraham Lincoln als Kandidaten 1860 die Präsidentschaftswahl gewonnen hatte. Für die meisten sklavenhaltenden Staaten war damit die Schmerzgrenze erreicht. Sie verabschiedeten sich aus der Union, nannten sich *The Confederate States of America*, machten Jefferson Davis zu ihrem Präsidenten und bereiteten sich auf einen Krieg vor. Georgia vollzog diesen Schritt im Januar 1861.

Handgefertigte Quilts, Decken aus verschieden gemusterten Stoffen, gehören zu den schönsten Souvenirs aus Georgia.

In den ersten beiden Kriegsjahren machten der Region nur Hafenblockaden zu schaffen, die Kampfhandlungen fanden außerhalb statt. Wegen seiner logistischen Vorzüge entwickelte sich Georgia in dieser Zeit zur Waffenschmiede und Nachschubzentrale der Konföderierten. 1864 erhielt General William T. Sherman den Befehl, von Tennessee aus in den Nachbarstaat einzudringen und die Versorgungsstrukturen des Südens zu vernichten.

Sherman gehorchte, indem er der Bahnlinie nach Atlanta folgte, die Stadt vierzig Tage lang beschoß, sie Anfang September einnahm und Mitte November anzündete. Danach zog er weiter nach Savannah, das sich ihm kurz vor Weihnachten ergab. Auf seinem «Marsch zum Meer» hatten seine Truppen auf über vierhundert Kilometer Länge und hundert Kilometer Breite diagonal durch den Staat einen Korridor der Verwüstung hinterlassen und dem Süden militärisch das Genick gebrochen. Die Erinnerung an die Unerbittlichkeit, mit der das Zerstörungswerk – besonders in Atlanta – betrieben worden war, hat sich tief ins kollektive Bewußtsein der alteingesessenen weißen Georgianer eingegraben.

Was der Kapitulation der Konföderation im April 1865 folgte, konnte nicht einmal die in die Freiheit entlassenen Sklaven freuen. Die regierenden Republikaner verordneten dem Süden ein Rückgliederungs- und Umerziehungsprogramm, *Reconstruction* genannt, das in der Hand von Militärs und radikalen Politikern zu einem Regime von Willkür, Mißtrauen, Korruption und Mißachtung von Bürgerrechten (jetzt der Weißen) geriet. Kriegsgewinnler, Profitgeier, Kredithaie, Demagogen, Rassisten und Revanchisten beherrschten die Szene und schufen Bedingungen, unter denen im Untergrund agierende Selbstschutzgruppen wie der Ku-Klux-Klan gedeihen und ihre Strategie der Einschüchterung verfolgen konnten.

Der Notstand traf besonders die Schwarzen, denen *Reconstruction* ja hätte helfen sollen: Ausgestattet mit dem Wahlrecht, aber ohne Schul- und Berufsbildung setzte man sie dem freien Wettbewerb aus, in dem sie keine Chance hatten. Viele verdingten sich wieder auf den daniederliegenden Plantagen, die ihr Zuhause gewesen waren. Um Nahrung, Kleidung, Unterkunft und ärztliche Versorgung mußten sie sich jetzt selbst kümmern. Weil sie immer von anderen diszipliniert worden waren, hatten die meisten Selbstdisziplin nie gelernt. Durch Schulden gerieten viele in neue Abhängigkeiten; andere wurden schlicht ein Fall für die Justiz.

Sklaven waren bei Verstößen gegen die herrschende Ordnung von ihren Besitzern gezüchtigt worden. Was aber tun mit schwarzen Kriminellen, zumal das Staatsgefängnis in Milledgeville von Shermans Armee demoliert worden war? – Wie andere Südstaaten führte Georgia 1866 die gefesselten Sträflingskolonnen *(chain gangs)*

ein. Verurteilte Täter wurden in Camps gebracht, in Ketten gelegt und im Straßenbau eingesetzt, aber auch an private Interessenten vermietet. Um 1880 lag der Anteil der Schwarzen in den Camps bei neunzig Prozent. Ein Buch und seine Verfilmung, «I Am a Fugitive from a Georgia Chain Gang» von Robert Elliot Burns, sorgten für die Abschaffung des Systems in den 1930er Jahren.

Reconstruction war aus der Sicht des Südens eine Pleite. Aber auch die eigenen Ansichten über den Wiederaufbau gingen auseinander: Henry W. Grady beispielsweise, Redakteur der «Atlanta Constitution», postulierte in bewegenden Reden in den achtziger Jahren einen neuen Süden *(New South)*, der sich dem Norden wirtschaftlich und gesellschaftlich anzugleichen habe – nur so seien die Yankees zu schlagen. Seine Gegner andererseits, die Politiker Robert Toombs und Tom Watson, hatten nichts im Sinn mit der nordstaatlichen «Vorherrschaft des Geldes» und mit Wall Street. Dies bedeutete nach ihrer Meinung koloniale Ausbeutung des kleinen Farmers. Sie setzten protektionistische Richtlinien durch, die den wirtschaftlichen Wandel in Georgia letztlich bis zum Zweiten Weltkrieg blockierten.

Obwohl Baumwolle auch nach dem Bürgerkrieg noch eine Weile boomte, zogen über den Anbauern dunkle Wolken auf. Sklavenhalter hatten mit der Abschaffung der Sklaverei Kapital verloren – die großen am meisten.

Wolkenkratzer in Midtown Atlanta. Nach den kühnen Plänen des Architekten John Portman soll diese Stadt zum «New York des 21. Jahrhunderts» werden.

Landarbeiter in der Zahl, die zum Betrieb einer Plantage nötig gewesen wäre, waren nicht zu bekommen oder nicht zu bezahlen. Landbesitzer fingen an, ihren Boden stückweise zu verpachten und sogenannten *sharecroppers* zu überlassen, die für einen Ernteanteil *(share)* die Felder bestellten und aberntteten. Gerät, Saatgut und Dünger wurden vom Verpächter vorfinanziert. Oft blieb eine *sharecropper*-Familie nur eine einzige Saison am gleichen Platz. Ein Gesetz garantierte den Eigentümern eine Voranwartschaft auf jede Ernte als Sicherheit für den gewährten Kredit. Mißernten und Preisverfall bedeuteten deshalb in erster Linie Schulden für den Pächter. Unsägliche Armut unter der Landbevölkerung Georgias – egal, ob weiß oder schwarz – war die Folge dieses Systems. Viele Bauern wanderten um die Jahrhundertwende ab, schwarze mehr in die Großstädte des Nordens, weiße eher nach Florida. Andere ließen sich von Textilfabriken anwerben mit dem Versprechen einer «Dienstwohnung», in der sie dann unter slumähnlichen Bedingungen hausten. Zur Arbeit gingen hauptsächlich die Frauen und Kinder, während die Männer irgendwo herumlungerten.

Mit der sozialen Not im Land wuchs auch der Groll der Weißen gegen die Schwarzen. An gesellschaftliche Gleichstellung, wie sie im Norden gepredigt wurde, hatte man ohnehin nie gedacht. Je näher das neue Jahrhundert rückte, desto heftiger wurde das Bedürfnis, den Schwarzen zu zeigen, wo in Georgia ihr Platz sei. Durch Lese- und Schreibprüfungen oder Wahlsteuern wurden sie in ihrem Wahlrecht beschnitten, bis man es ihnen schließlich 1906 ganz entzog. Sogenannte Jim-Crow-Gesetze wurden erlassen, die die Rassentrennung in Schulen und anderen öffentlichen Einrichtungen, in Restaurants, im kirchlichen Leben etc. festschrieben – bis in die 1950er Jahre. Wo Gesetze nicht auszureichen schienen, wurde mit Lynch-Gewalt nachgeholfen, in Georgia zwischen 1882 und 1968 in 531 (amtlich erfaßten) Fällen.

DAS NEUE GEORGIA

Es bedurfte des totalen Zusammenbruchs der auf Baumwolle fixierten Wirtschaft, ehe sich neue Strukturen entwickeln konnten. Zwischen 1913 und 1923 schlug der Baumwollkapselkäfer zu, der von Mexiko über Texas nach Georgia gekommen war. Die Baumwollproduktion sank auf weniger als ein Viertel des früheren Volumens. Den Rest besorgte die Weltwirtschaftskrise in den dreißiger Jahren. Hunderttausende von Farmern gaben auf. Stimuliert wurde die Umorientierung zunächst durch den *New Deal* – ein staatliches Konjunkturprogramm, mit dem Präsident Franklin D. Roosevelt der daniederliegenden amerikanischen Wirtschaft auf die Beine helfen wollte –, durch drei Kriege, den Zweiten Weltkrieg, den Korea- und den Vietnamkrieg, und durch die von Georgias einflußreichstem Bürger aller Zeiten, Martin Luther King, geführte Bürgerrechtsbewegung (siehe Seite 60).

Der als Kind an Polio erkrankte Roosevelt hatte in einem Badeort West-Georgias, Warm Springs, Linderung seines Leidens gefunden und Georgia zu seiner zweiten Heimat gemacht. Der für die Provinz bestimmte Teil seines *New Deal* scheint von den dort gewonnenen Erkenntnissen inspiriert. Jedenfalls profitierte Georgia überdurchschnittlich von dem Programm. Den Farmern wurden der Anbau von Erdnüssen, Tabak, Tomaten, Trauben, Sojabohnen, Mais und Nutzholz sowie Vieh- und Geflügelmast schmackhaft gemacht. Mechanisierung und Elektrifizierung wurden vorangetrieben und der Bau von Schulen, Krankenhäusern, Asphaltstraßen, Brücken und sogar Schwimmbädern mit Finanzspritzen gefördert

In Downtown Atlanta drängen sich die Hochhäuser von Banken und Büros – über vierhundert der fünfhundert größten Industriekonzerne der USA haben Niederlassungen in Georgias Hauptstadt.

Blick auf die Skyline von Midtown, neben Downtown das zweite Geschäftszentrum von Atlanta.

BILTMORE
Bo Garr
vesting In Atlanta's Olympic
SUBU
Car wash
Diesel
TO
75
TO
85
DO NOT
ENTER
At BP, Quality
Counts
Every

In Atlanta befindet sich die Hauptzentrale des weltweit bekannten Nachrichtensenders CNN (Cable News Network), der zum Imperium des Medienmoguls Ted Turner gehört.

– und das gegen den Widerstand von Ewiggestrigen wie Eugene Talmadge, der es auf drei Amtsperioden als Gouverneur brachte und hinter dem *New Deal* sozialistische Machenschaften argwöhnte. Die Zahl der Farmen schrumpfte zwar von ursprünglich 200 000 auf 70 000 im Jahr 1970, diese aber wirtschaften mit Gewinn.

Die Kriege bescherten dem Staat Bundeseinrichtungen, Garnisonen, Truppenübungsplätze, Marinestützpunkte und Werften, Fliegerhorste sowie eine Flugzeug- und Nahrungsmittelindustrie. Die Nachkommen von Farmern zog es in die Stadt, und die Abwanderung aus Georgia verkehrte sich in eine Rückwanderung, vor allem in Städte wie Atlanta, Athens, Augusta, Macon, Savannah oder Albany. Die verödeten Innenstädte hatten davon freilich wenig, denn das Auto und ein modernes Straßennetz machen es möglich, daß der Arbeitsplatz in der City und die Wohnung in den Vororten weit auseinanderliegen können. Martin Luther Kings passiver Widerstand gegen die Diskriminierung der Schwarzen führte auch in Georgia zur Abschaffung der Rassentrennung, zu mehr Rechten, mehr Chancengleichheit und mehr Selbstbestimmung der Afroamerikaner und zu einer für beide Seiten nützlichen Koexistenz.

Das neue Georgia, der neue Süden – das ist vor allem Atlanta. Nirgendwo auf dem Gebiet der Konföderation von 1861 wurde das Chaos, das der Bürgerkrieg hinterlassen hatte, schneller überwunden. Keine Stadt öffnete sich so nach allen Seiten wie Atlanta, brach mit der Vergangenheit und investierte in die Zukunft, kümmerte sich um Bildungseinrichtungen für Schwarze, präsentierte sich selbstbewußt einem eher skeptischen Publikum, arrangierte sich so problemlos mit der verschriebenen Rassenintegration und überließ sich so bedingungslos internationalen Stararchitekten als Spielwiese.

Atlanta wurde 1867 Georgias Hauptstadt, nachdem weiße Wirtsleute in Milledgeville sich geweigert hatten, schwarze Volksvertreter zu beherbergen. Kapital aus dem Norden, das zum Eisenbahnbau in den Staat floß, vergrößerte vor allem das Eisenbahnnetz um Atlanta. Pünktlich zum Beginn des neuen Jahrhunderts war die Stadt durch Schienen mit Florida, dem Süd- und Mittelwesten und dem Nordosten der USA verbunden. 44 Eisenbahngesellschaften unterhielten Agenturen, und Handelsvertreter witzelten: «Egal, ob du in den Himmel oder in die Hölle willst, in Atlanta mußt du umsteigen.» Auf anderer Ebene sprach man vom «Tor des Südens».

Gleichzeitig begann Atlantas Aufstieg zum Zentrum afroamerikanischer Bildung und Kultur. Nirgendwo sonst in den Vereinigten Staaten findet sich eine ähnliche Konzentration von höheren Bildungsstätten für schwarze Frauen und Männer.

Auf ihr wirtschaftliches Potential machte die Stadt mit gigantischen Leistungsschauen aufmerksam – drei davon

Skulptur im Zentrum von Atlanta, der Stadt, die sich mit dem Slogan «Forward Atlanta» zum wirtschaftlichen Zentrum des Südens hocharbeitete.

Die Farben dieses Gemäldes in Downtown Atlanta konkurrieren mit dem strahlend blauen Himmel über Georgias Hauptstadt.

Das von dem renommierten Architekten Richard Meier entworfene High Museum of Art in Atlanta zählt zu den interessantesten Museumsbauten der USA.

In der Peachtree Street pulsiert das geschäftliche Leben von Atlanta. Der Straßenname leitet sich allerdings nicht, wie man vermuten könnte, von Pfirsichbäumen ab, sondern von *pitch trees*, harzigen Bäumen, die einst hier wuchsen.

allein zwischen 1881 und 1895. Vor allem der Handel blühte; aber auch Fertigungsindustrien für Landmaschinen, Klaviere, Möbel und Textilien wurden zunehmend zu einem Wirtschaftsfaktor – an erster Stelle natürlich Coca-Cola. Um 1900 etablierte sich Atlanta auch als Garnison- und Kongreßstadt. Gedämpft wurde die Expansionseuphorie lediglich 1906 durch Rassenkrawalle, bei denen 25 Schwarze und ein Weißer ihr Leben ließen.

Altantas unternehmerische Energie entlud sich gelegentlich antizyklisch. Als Mitte der zwanziger Jahre der Rest von Georgia darbte und das übrige Amerika sich anschickte, in die größte Wirtschaftskrise aller Zeiten zu schlittern, posaunte die Industrie- und Handelskammer der Stadt «Auf geht's, Atlanta!» *(Forward Atlanta)*, fragte selbstbewußt, «Wie wollt ihr's ohne Niederlassung an diesem Ort schaffen?» und warb so zwischen 1926 und 1929 fast siebenhundert neue Firmen an. Als man sich in anderen amerikanischen Städten während der fünfziger Jahre in Rassenunruhen die Köpfe einschlug, hatte Atlanta «keine Zeit für Haß» *(too busy to hate)* und ging zu seinen Geschäften über. Zu einem seiner wichtigsten wurde der Luftverkehr. Atlantas Flughafen gehört heute zu den Knotenpunkten der internationalen Luftfahrt.

Imagepflege betrieb der Staat Georgia schon Ende des 19. Jahrhunderts mit der Vergoldung der Kuppel seines Regierungs- und Parlamentsgebäudes *(State Capitol)* in Altanta. Das Edelmetall kam aus Dahlonega, Schauplatz des ersten amerikanischen Goldrausches. Altanta, nach eigenem Bekunden die Stadt voll Energie und Optimismus, nach fremdem «das Wunderkind des erwachenden Südens», setzte ebenfalls auf Hochbau, allerdings auf Hochbau der avantgardistischen Sorte. Architekten und Baulöwen wie John Portman (Peachtree Center), Tom Cousins (The Omni), Thompson, Ventulett und Stainback

Fröhliche Werbung für die Olympischen Spiele 1996 in Atlanta. Daß man sich, für viele überraschend, nicht für Athen, sondern für Atlanta entschied, zeugt vom Aufstieg der Südstaatenmetropole – und von einer geschickten Werbekampagne der Stadtväter.

Das High Museum of Art im Robert W. Woodruff Arts Center in Atlanta. Die ständigen Ausstellungen zeigen Werke der amerikanischen, afrikanischen und europäischen Malerei sowie Plastiken, Keramik und Möbel.

(CNN Center), Richard Meier (High Museum of Art) und andere überboten sich seit 1960 mit atemberaubenden Kreationen aus Beton, Stahl und Glas. Um städtebauliche Auflagen brauchten sie sich kaum zu kümmern, weil es fast keine gab. Ihre Bauten blieben denn auch Einzelschöpfungen, die sich nur mit Hilfe perspektivischer Tricks zu einer geschlossenen Skyline fügen. Die neuen Baumeister schafften es weder, Atlantas Innenstadt wiederzubeleben, noch konnten sie verhindern, daß an der über zehn Kilometer langen Achse *Peachtree Street* nach Norden Stadtviertel wie Buckhead entstanden, die ihre eigenen *downtowns* haben. Historische Bauten, die aus heutiger Sicht schützenswert gewesen wären, wurden der Abbruchbirne geopfert. Ästhetisch faszinierend ist die Architektur der Metropole allemal, obwohl man nie den Eindruck los wird, daß Atlantas Energie und Optimismus hauptsächlich in den Manager-Etagen hinter den Glaswänden der Wolkenkratzer zu finden sind.

In Savannahs berühmtem Ships of the Sea Maritime Museum. Bis zum Bürgerkrieg war der Hafen von Savannah von zentraler Bedeutung – von hier brachten unzählige Schiffe die Baumwolle nach England und Neuengland.

DAS SCHÖNSTE LAND DER WELT?

Der eingangs erwähnte Sir Robert Mountgomery pries Georgia als das schönste Land des Universums. Wir wissen nicht, wieviel vom Universum und wieviel von Georgia Sir Robert tatsächlich gesehen hatte. Außerdem läßt sich über Geschmack trefflich streiten. Überlassen wir also dem Besucher dieses Landes die Entscheidung, ob es vielleicht Schöneres gibt. Georgia jedenfalls bietet landschaftliche Reize, historische Sehenswürdigkeiten und Kultur in Hülle und Fülle. Die sprichwörtliche Gastlichkeit des Südens, die sich in sanften Gesten und einer von gedehnten Vokalen gekennzeichneten melodischen Sprache artikuliert, bietet die Gewähr für Erlebnisse und Erfahrungen der besonderen Art.

Der wortgewaltige Theologe aus Atlanta kämpfte mit friedlichen Mitteln – und mit Erfolg – gegen Rassendiskriminierung und wurde zu einer Symbolfigur der schwarzen Bürgerrechtsbewegung in den USA.

MARTIN LUTHER KING

Baptistenprediger und Bürgerrechtler

Martin Luther King jr. wurde am 15. Januar 1929 in Atlanta geboren. Seine Mutter war Kirchenmusikerin, sein Vater, Martin Luther «Daddy» King, und sein Großvater, A. D. Williams, predigten als Pastoren der Baptistengemeinde der Ebenezer-Kirche in der Auburn Avenue von Atlanta, in der er selbst von 1960 bis 1968 als Co-Pastor tätig war. Nachdem er mit 19 Jahren am Morehouse College von Atlanta die Hochschulreife erlangt hatte, besuchte er erfolgreich das Crozer-Theologie-Seminar in Chester, Pennsylvania, und die Universität Boston, die er mit 27 Jahren und dem Doktortitel für Theologie verließ. Zwei Jahre zuvor hatte King die junge Sängerin Coretta Scott geheiratet, mit der er später vier Kinder haben sollte. Bereits während der Zeit seiner Promotion erfuhr das Leben von Martin Luther King den entscheidenden Impuls: Dem jungen Pastor wurde 1954 in Montgomery, der Hauptstadt von Alabama, seine erste Gemeinde übertragen. Im folgenden Jahr weigerte sich Rosa Parks, eine junge farbige Aktivistin der christlichen Vereinigung Southern Christian Leadership Conference (SCLC), den für Weiße reservierten Platz in einem städtischen Bus von Montgomery zu verlassen. Ihre Verhaftung und Verurteilung löste Proteste, Demonstrationen und einen Busboykott der farbigen Bevölkerung von Montgomery aus. Die Organisation dieser Aktionen wurde dem jungen Pastor der Dexter-Avenue-Gemeinde, Martin Luther King, übertragen. Der Erfolg des einjährigen Kampfes, die neuartigen, gewaltfreien Massenaktionen, wie Sit-Ins, passiver Widerstand oder Straßenblockaden, machten King bekannt. Seine mitreißenden Reden und die wirkungsvolle Organisation von direkten Aktionen gegen die Diskriminierung schwarzer US-Amerikaner fanden nicht nur in

Martin Luther King (Mitte) bei einem Friedensmarsch in New York im April 1967.

Am 28. August 1963 hält King in Washington D. C. seine berühmte Rede: «I have a Dream».

Montgomery ein gewaltiges Echo. Die Behörden versuchten, den Sprecher der farbigen Bürgerrechtsbewegung einzuschüchtern – King wurde wegen Steuerhinterziehung angeklagt, wegen Verkehrsvergehen eingesperrt, wegen der Organisation von Aufruhr ins Gefängnis gesteckt. Sein «Brief aus einem Gefängnis in Birmingham» von 1963 begründete die Notwendigkeit und die Legitimität direkter und gewaltfreier politischer Aktionen gegenüber seinen Kritikern. Im selben Jahr beschwor King vor 250 000 Teilnehmern des Friedensmarsches in Washington seinen Traum von einer Gesellschaft, in der Menschen unterschiedlicher Herkunft und Hautfarbe friedlich und solidarisch zusammenleben. Der Friedensnobelpreis, der dem 35jährigen Martin Luther King 1964 in Oslo verliehen wurde, gab der Bundesregierung in Washington den letzten Anstoß, mit einer Reihe von Gesetzen, wie dem Civil Rights Act und dem Voting Right Act, aktiv zu werden, die Bürgerrechte für schwarze US-Amerikaner auch zur gesellschaftlichen Praxis werden lassen sollten.

In der zweiten Hälfte der sechziger Jahre, in der sich die USA immer tiefer in den Vietnamkrieg verstrickten und Unruhen in den Ghettos der großen Städte aufflackerten, schienen die alten Rezepte der Gewaltlosigkeit nicht mehr zu passen. Der Einfluß der Black-Power-Bewegung, die nicht auf eine Integration in die weiße Gesellschaftsordnung setzte, nahm in dem Umfang zu, wie der Einfluß des Pastors aus Atlanta und seiner Getreuen abnahm. Die zwölfjährige mühsame Überzeugungsarbeit hatte bei der weißen Bevölkerungsmehrheit nicht die gewünschten Denkprozesse ausgelöst. Martin Luther King sah sich am Anfang einer neuen, langen Etappe des Kampfes um gesellschaftliche Strukturänderungen, denn die Bürgerrechtsbewegung konnte so lange keinen wahren Erfolg haben, als die ökonomischen Rahmenbedingungen nicht verändert wurden, die die Ungleichheit begründeten. Am 4. April 1968, als er sich mit seinen Mitstreitern Ralph Albernathy und Jesse Jackson zur Unterstützung eines Streiks farbiger Müllarbeiter in Memphis, Tennessee, aufhielt, wurde der Sprecher der schwarzen Bürgerrechtsbewegung auf dem Balkon seines Hotels von einem Attentäter erschossen. Auf einem Gedenkstein in Atlanta steht die Inschrift: «Rev. Martin Luther King jr., 1929 – 1968. ‹Endlich frei. Endlich frei. Dank sei Gott, dem Allmächtigen, ich bin endlich frei›.» *Axel Pinck*

Zur Beerdigung von Martin Luther King in Atlanta kamen rund 150 000 Trauernde.

Musikveranstaltung am Johnson Square, einem der zahlreichen schönen Plätze in der Innenstadt von Savannah.

Gospelchor in Rome. Der Gospelsong wurde von den nordamerikanischen Schwarzen entwickelt. Wie beim Jazz gibt es auch bei dieser mitreißenden religiösen Liedform ein Wechselspiel aus Ruf und Antwort.

Underground Atlanta – ein unterirdisches Einkaufs- und Vergnügungsviertel in Downtown.

CARLOS SODA CO.
DRINK
FRESH
POPCORN
CIOUS AND REFRESHING

Die Wolkenkratzer in Downtown Atlanta überragen das Alte Kapitol (rechts) um ein Vielfaches.

EQUITABLE
ATLANTA FULTON COUNTY STADIUM
Coca-Cola
BUD LIGHT
Rally's
Central Ave.
Downtown
Ga. Dome
Fulton
Street
Hampton Inn
EXIT 92
20
bernathy Fwy
Augusta
Birmingham
EXIT 1/2 MILE
EXIT 91
Fulton St
Central Ave
Ga. Dome
EXIT ONLY

GEORGIA: PLANEN · REISEN · GENIESSEN

INHALT

Erfrischung an einem heißen Tag: Picknick am Johnson Square von Savannah.

DATEN · FAKTEN · ZAHLEN

Lage und Größe. Georgia grenzt im Süden an den Bundesstaat Florida, im Westen an Alabama, im Norden an Tennessee und North Carolina. Der Grenzverlauf zu South Carolina im Nordosten wird vom Savannah River und seinen Zuflüssen markiert. Im Osten, zwischen Savannah und Cumberland Island, stößt Georgia an den Atlantischen Ozean. Mit 152 488 Quadratkilometern Ausdehnung ist der Bundesstaat im Südosten der USA etwas größer als Bayern, Baden-Württemberg, Hessen, Rheinland-Pfalz und das Saarland zusammen, hat mit knapp sieben Millionen jedoch nur wenig mehr Einwohner als Hessen. Etwa drei Millionen Menschen leben im Großraum Atlanta.

Landschaftliche Gliederung. Der nördliche Teil Georgias wird von den Ausläufern des Mittelgebirges der Appalachen geprägt. Der Brasstown Bald Mountain, mit 1458 Metern der höchste Berg des Bundesstaates, steht nahe der Grenze zu North Carolina. Die meisten der großen und mittleren Flüsse Georgias entspringen in der Bergregion, wie der Chattahoochee und die Zuflüsse des Savannah River, bzw. an dessen Rand, wie der Oconee, der Ocmulgee, oder der Flint River, der beim Lake Seminole in den Chattahochee mündet. Im mittleren Teil von Georgia prägen die fruchtbaren *rolling hills* des Piedmont-Plateau die Landschaft. Die Linie *(fall line)* zwischen den Städten Augusta, Macon und Columbus stellt den Übergang zur flacheren Küstenregion dar. Die Küstenebenen laufen in feuchte Marschlandschaften aus, die von einer Kette von vorgelagerten Inseln zum offenen Atlantik abgegrenzt werden.
Der Okefenokee Swamp, der sich im Süden Georgias auf einer Fläche von 1700 Quadratkilometern bis ins nördliche Florida erstreckt, ist eines der letzten großen natürlichen Sumpfgebiete der USA.

Tier- und Pflanzenwelt. In den Mittelgebirgswäldern des Nordens mit reichen Beständen an Ahorn, Eichen, Tannen und Pinien sind Weißwedelhirsche, Waschbären und Baumhörnchen zu finden. Auch Gürteltiere und Oppossums sind häufig, die vereinzelt dort vorkommenden Schwarzbären wird man dagegen kaum zu Gesicht bekom-

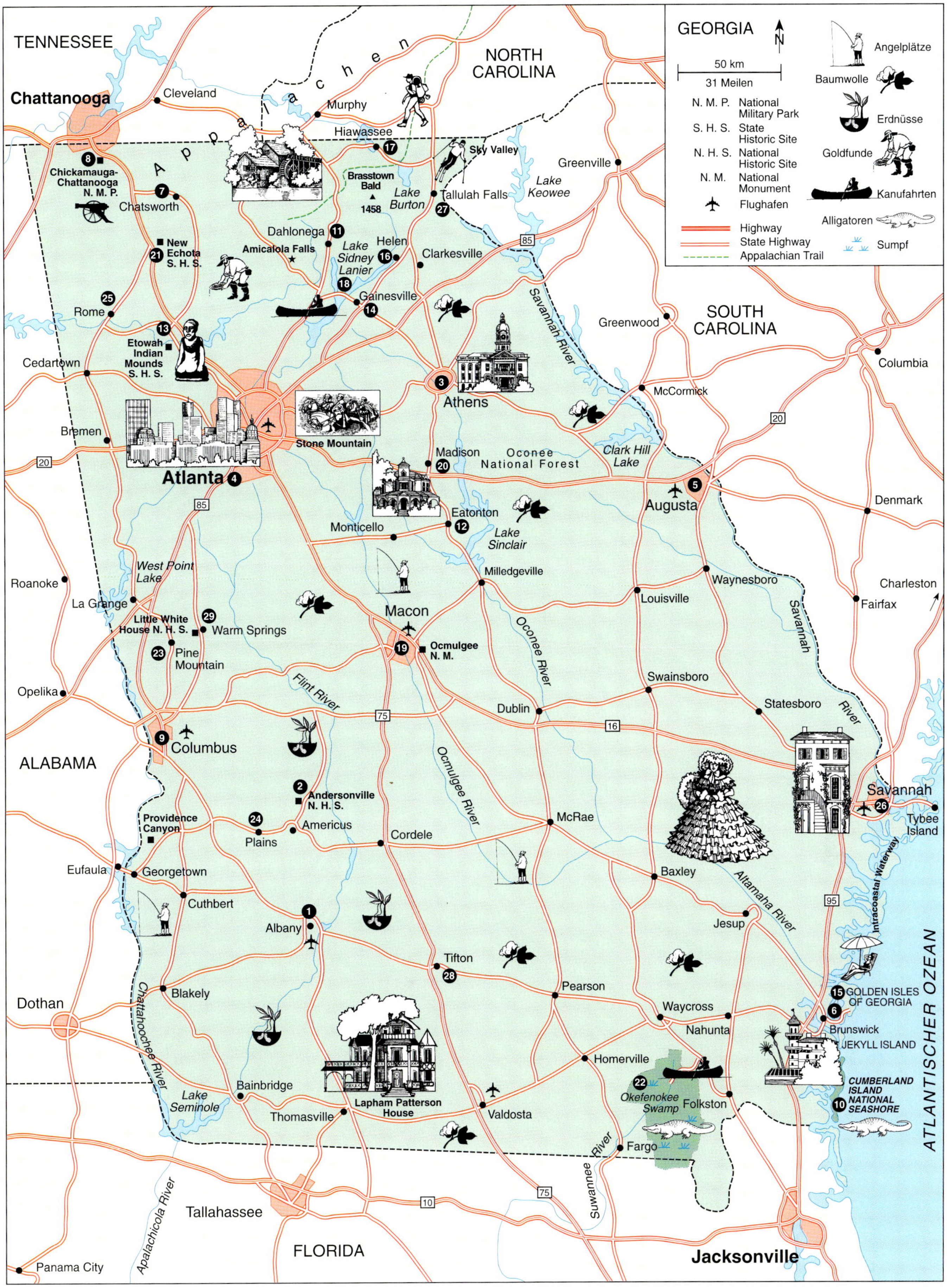

Neben dieser Georgia-Karte mit allen wichtigen Sehenswürdigkeiten im Überblick finden Sie eine Karte mit Routenvorschlägen auf Seite 69, einen Plan von Downtown Atlanta auf Seite 80, eine Karte des Großraums Atlanta auf Seite 81 und einen Plan von Downtown Savannah auf Seite 87.

men – es sei denn, man läßt seinen Proviant beim Camping offen herumliegen. In den Naturschutzgebieten der Küsteninseln, im Riedgras der Marschen und in den Eichen-, Pinien- und Palmettowäldern überrascht der Vogelreichtum. Verschiedene Reiherarten, Seeadler, Wildgänse und -enten und andere Zugvögel können hier ungestört brüten oder rasten. Das Sumpfgebiet des Okefenokee ist das stille Reich der Alligatoren.

Politik und Verwaltung. Die Abgeordneten des Kongresses, der aus dem Repräsentantenhaus und dem Senat besteht, werden wie die obersten Richter und der Gouverneur direkt von den Bürgern ge-

WAS ZÄHLT IN DEN USA:

Maße und Zahlen auf einen Blick

Zeit

Georgia gehört zur Zeitzone Eastern Standard Time; Mitteleuropa ist Atlanta sechs Stunden voraus.

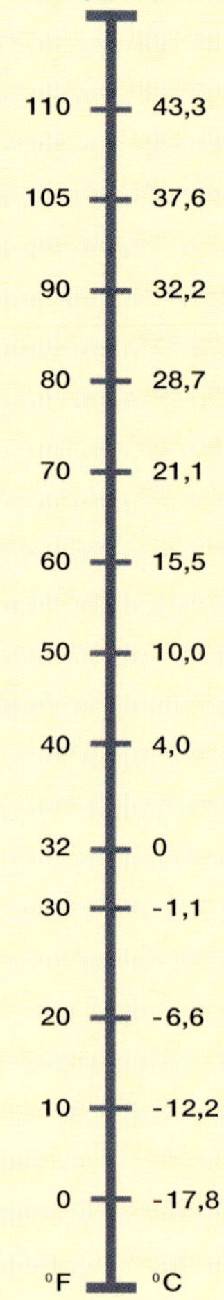

Maße

1 inch = 2,5 Zentimeter	1 pint = ca. 0,5 Liter
1 foot = ca. 30 Zentimeter	1 quart = ca. 0,95 Liter
1 yard = ca. 91 Zentimeter	1 gallon (Benzin) = ca. 3,8 Liter
1 mile = ca. 1,6 Kilometer	1 pound = ca. 450 Gramm

In den USA werden die Maße auf das metrische System umgestellt, derzeit sind beide Systeme in Gebrauch.

Elektrizität

Die Netzspannung beträgt überall in den USA 110 Volt; deutsche Stecker passen nicht, man braucht einen Adapter.

Geld

Ein Dollar hat 100 Cent. Münzen gibt es zu 1 Cent, 5 Cent (Nickel), 10 Cent (Dime), 25 Cent (Quarter) und 50 Cent (Half Dollar). Sämtliche Dollarnoten sind gleich groß und grüngrau, also leicht verwechselbar. Größere Beträge werden in den USA fast immer mit Kreditkarte bezahlt.

Kleidergrößen

Anzüge	US	36	38	40	42	44	46	48		
	D	46	48	50	52	54	56	58		
Hemden	US	14	14,5	15	15,5	16	16,5	17	17,5	18
	D	36	37	38	39	40	41	42	43	44
Kleider	US	28	30	32	34	36	38	40	42	
	D	36	38	40	42	44	46	48	50	
Schuhe	US	5,5	6	7	7,5	8,5	9	9,5	11	12,5
	D	36	37	38	39	40	41	42	44	46

Telefonieren

Telefonnummern in den USA bestehen aus einem dreistelligen *Area Code* und einer siebenstelligen Rufnummer. Für internationale Gespräche wählt man die Kennzahl des Landes (01149 für Deutschland, 01143 für Österreich, 01141 für die Schweiz). Nicht immer kann man direkt wählen, oft muß der Operator vermitteln (0 wählen).

Klima

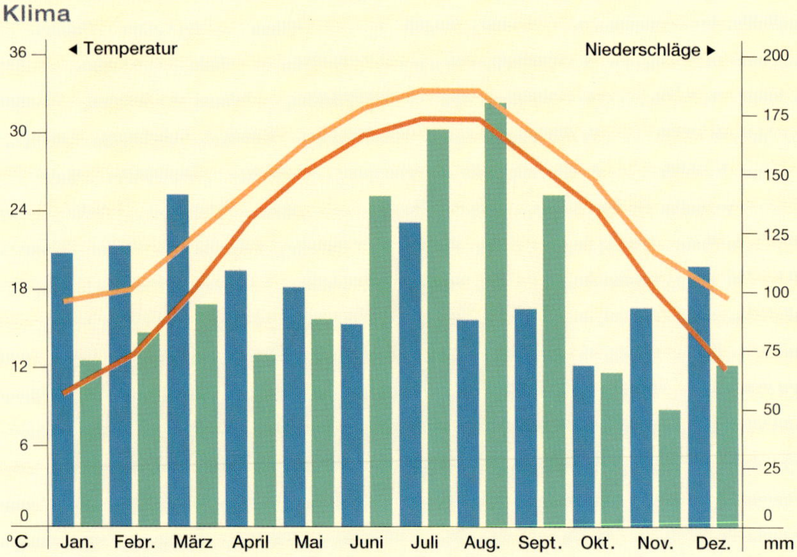

Durchschnittl. Tageshöchsttemperaturen (°C): Atlanta, Savannah
Durchschnittliche Niederschläge (mm): Atlanta, Savannah

Linke Seite.

Dem Reisenden präsentiert sich Georgia fernab der (wenigen) großen Städte sehr ländlich und ruhig: Morgennebel bei La Grange (oben); Stand mit Obst und gebrannten Erdnüssen in Clarkesville, Nord-Georgia (Mitte); Sonnenuntergang auf Jekyll Island (unten).

Rechte Seite.

Oben: Die schönsten Routen durch Georgia.

Route 1 (500 km) ist ein Ausflug von Atlanta in die Berge Nord-Georgias, nach Helen und Hiawassee und zu den indianischen Stätten New Echota und Etowah Mounds.

Auf dem etwa achthundert Kilometer langen «Antebellum Trail» (Route 2) lernen Sie die Städte mit der prächtigsten historischen Architektur kennen: Athens, Madison, Eatonton, Milledgeville, Savannah und Macon.

Route 3 (325 km) führt über Pine Mountain zum geschäftigen Columbus und über Warm Springs zurück nach Atlanta.

Route 4 (500 km) beginnt in Savannah und führt über die Golden Isles und nach einem Abstecher nach Florida zu den einzigartigen Okefenokee-Sümpfen.

Unten: Erdnußpflanze.

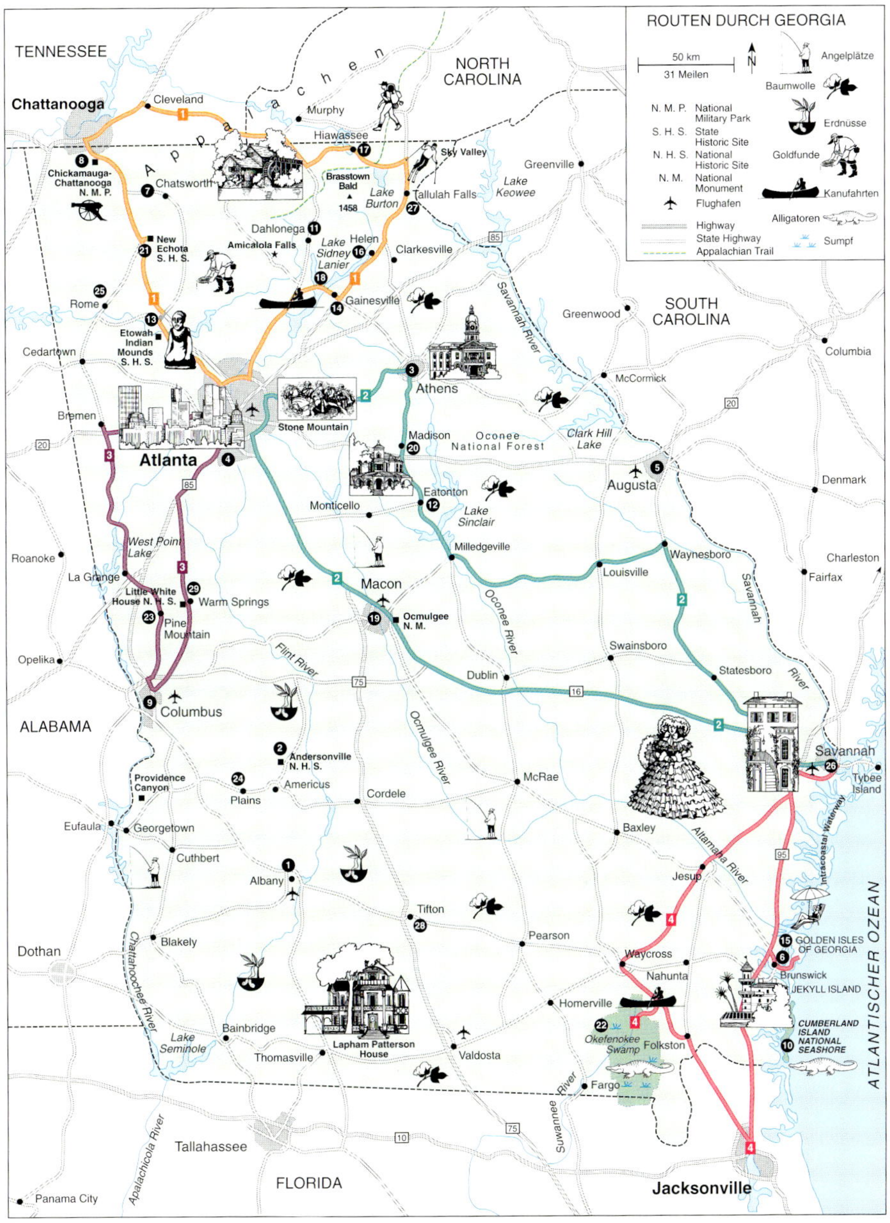

wählt. Die regionalen und örtlichen parlamentarischen Vertretungen, Sheriffs und Staatsanwälte müssen sich ebenfalls auf der entsprechenden Ebene zur direkten Wahl stellen. Die Hauptstadt von Georgia ist Atlanta, auch «Big A» genannt.

Wirtschaft. Noch vor hundert Jahren bestimmten die großen Baumwoll- und Reisplantagen das ökonomische Geschehen des Bundesstaates. Diese Zeiten sind vorüber, auch wenn vor allem im Piedmont immer noch Baumwolle angebaut wird. Unter den traditionellen Industriezweigen spielt die Textilindustrie die wichtigste Rolle, mehr als sechzig Prozent des Textilgewebes in US-Autoreifen werden in Georgia gefertigt. Etwa zwei Drittel des Landes sind von Wäldern bedeckt und werden forstwirtschaftlich genutzt. So ist Georgia der größte Spanplatten-Produzent der Vereinigten Staaten. Das milde Klima ermöglicht den Anbau vieler verschiedener Feldfrüchte. Die Erdnuß- und Pekannußernten des Bundesstaates versorgen Nordamerika und werden auch nach

Europa exportiert. In Georgia haben zudem die umweltfreundlichen «weißen Industrien» Einzug gehalten: Elektronik-Bauteile, die Montage von PKWs, Kommunikationstechnologie, Verwaltungen, touristische Einrichtungen und andere Dienstleistungsbetriebe kommen ohne Fabrikschlote aus. Die vielzitierte «Neue Wirtschaftskraft des Südens» manifestiert sich besonders im Großraum von Atlanta.

AUSKUNFT

In deutschsprachigen Ländern. *Fremdenverkehrsamt der USA (USTTA);* Platenstraße 1, 60325 Frankfurt/Main, Tel. 069/95 67 90-18, Fax 069/56 11 30.

In Georgia. *Georgia Department of Industry, Trade and Tourism,* 285 Peachtree Center Avenue, NE Marquis Two Tower, Suite 1000, Atlanta, Georgia 30303-1232, Tel. 001/404/656-35 93, Fax 001/404/651-90 63.
Atlanta Convention and Visitors Bureau, 233 Peachtree Street, NE, Suite 2000, Atlanta, Georgia 30303, Tel. 001/404/521-66 00, Fax 001/404/584-63 31.

ALLES PEANUTS

Jeder Amerikaner ißt pro Jahr im Durchschnitt fünf Kilogramm Erdnüsse. Allein die Baseball-Fans im Yankee-Stadion von New York vertilgen 17 000 Kilo pro Saison. Dabei ist die Erdnuß keine Nuß, sondern ein Gemüse wie Erbsen oder Bohnen. Im Südwesten des Bundesstaates Georgia wachsen die später meist gerösteten und gesalzenen Hülsenfrüchte auf großen Feldern. Nach dem Verblühen krümmen sich die siebzig bis achtzig Blütenstiele einer Pflanze zur Erde. Ihre Spitzen wachsen unterirdisch zu Früchten aus, die in einer schützenden Hülse reifen.
George Washington Carver, Lehrer am Tuskegee Institute in Alabama, versuchte seinen farbigen Studenten um die Jahrhundertwende die wirtschaftliche Bedeutung der Erdnuß nahezubringen. Zweiflern servierte er ein neungängiges Mahl, das von der Suppe bis zum Kaffee nur aus Erdnußprodukten bestand. In Georgia wurde die Lektion verstanden: Als viertgrößter Erdnußproduzent der Welt verdient der Bundesstaat jährlich rund zweieinhalb Milliarden US-Dollar an der unscheinbaren Nuß.

KLIMA UND REISEZEIT

Als Reisezeit eignen sich generell Frühling, Sommer und Herbst, wobei jede Jahreszeit ihren eigenen Reiz hat. Von März bis Mai blühen Azaleen, Hartriegelbäume, Magnolien und der wilde Rhododendron; an der Atlantikküste kann man bereits baden. Der Sommer bringt in den Küstenmarschen und Sumpfgebieten ein feuchtheißes Klima und damit Myriaden von Moskitos und anderen blutrünstigen Insekten. Herrlich ist es in dieser Jahreszeit in der Bergregion des Nordens und in den Wäldern und an den Flüssen des Piedmont-Plateaus. Der Herbst bie-

MIT DEM MIETWAGEN UNTERWEGS

Zum Mieten eines Wagens genügt der nationale Führerschein, das Mindestalter des Fahrers beträgt 21 Jahre. Ist der Fahrer jünger als 25, verlangen viele Firmen eine zusätzliche Gebühr. Obwohl es in allen größeren Städten (vor allem in Flughäfen und Hotels) Mietwagenfirmen gibt, empfiehlt es sich dringend, den Wagen schon zu Hause zu buchen: Die Angebote sind generell günstiger, und zudem sind fast immer Haftpflicht- und die (in den USA teure) Vollkaskoversicherung sowie eine unbegrenzte Meilenzahl im Preis inbegriffen. Achtung: Viele Firmen berechnen einen Aufpreis («Drop-off-Charge»), wenn man den Wagen nicht am Ausgangspunkt abgibt. Ein Staatenwechsel innerhalb der USA ist problemlos; wer allerdings mit seinem Mietwagen nach Mexiko oder Kanada fahren möchte, braucht dazu eine schriftliche Genehmigung der Verleihfirma.
Wenn Sie nicht – wie üblich – mit Kreditkarte bezahlen, müssen Sie auf jeden Fall eine größere Geldsumme als Kaution hinterlegen. Bei der Übernahme des Wagens sollte man sich kurz einweisen lassen. Das Straßennetz ist meist sehr gut ausgebaut und klar beschildert, es gibt Interstate Highways (Autobahnen), US-Highways (Fernstraßen) und State Highways (Landstraßen). Die Verkehrsregeln entsprechen weitgehend den europäischen; auffälligster Unterschied: Das Rechtsabbiegen an roten Ampeln ist erlaubt. Die Höchstgeschwindigkeit beträgt innerhalb von Ortschaften 30 Meilen (48 km/h) pro Stunde. Das generelle Tempolimit von 55 Meilen (89 km/h) auf State Highways wurde 1995 aufgehoben; je nach der individuellen bundesstaatlichen Regelung sind nun bis zu 75 Meilen (121 km/h) erlaubt. Insgesamt ist das Autofahren in den USA sehr viel angenehmer und entspannter als in Europa.

tet für alle etwas: Spaziergänge am Strand, ein Bad im (noch warmen) Atlantik und den berühmten Indian Summer, die unglaublich farbenprächtige Herbstlaubfärbung, in den Wäldern der Appalachen.

ANREISE

Alle Wege führen über Atlanta. Wer nicht mit dem Auto aus einem anderen US-Bundesstaat, sondern per Flugzeug anreist, wird auf dem Hartsfield International Airport landen. Delta Airlines fliegt direkt von verschiedenen europäischen Flughäfen nach Atlanta und von dort viele weitere Orte in Georgia an. Auch mehrere europäische Fluglinien fliegen non-stop nach Atlanta. Im Verbund mit United Airlines können über Washington D. C. auch andere Städte in Georgia erreicht werden.

REISEN IM «PEACH STATE»

Bahn. AMTRAK, der Bahnverbund in den USA, bedient nur noch wenige Strecken. Eine Zugverbindung von Washington über Charlotte und Greenville in North Carolina führt nach Atlanta und anschließend über Birmingham in Alabama nach New Orleans. Eine Route entlang der Atlantikküste führt von New York über Charleston in South Carolina nach Savannah und weiter nach Jacksonville in Florida; statt über Charleston kann man alternativ auch über Columbia in South Carolina fahren. Einige kleinere Bahnverbindungen, wie die von Atlanta nach Stone Mountain, wurden allein für den Ausflugsverkehr wieder aufgenommen.

Service wird in den USA großgeschrieben: Bei dieser Tankstelle in den Bergen Nord-Georgias bekommt man außer Benzin auch Coca-Cola, frisches Obst und Gemüse, kann telefonieren und eine Unterkunft finden.

Bus. Greyhound, das überregionale Bussystem der USA, verkehrt zwischen den größeren Orten in Georgia und verbindet diese mit Städten in anderen Bundesstaaten. Der Ameri-Paß ermöglicht unbegrenztes Fahren innerhalb einer festgelegten Fahrtdauer bis zu dreißig Tagen. Buchung bereits in Reisebüros in Europa. Zusätzlich verbinden regionale Buslinien verschiedene Kreisstädte untereinander. Atlanta verfügt mit MARTA (Metropolitan Rapid Transit Authority) über ein gut funktionierendes Nahverkehrssystem, das neben einigen U-Bahnstrecken ein weit gefächertes Busliniensystem beinhaltet. Die im Gray-Line-Verband zusammengeschlossenen Busgesellschaften bieten beispielsweise in Atlanta und Savannah relativ preisgünstige Ausflugs- und Rundfahrten an.

Flugzeug. Die USA sind von einem dichten Netz von Flugverbindungen überzogen, das auch Georgia nicht ausspart. Delta Airlines hat nicht nur seine Konzernzentrale in Atlanta, die Fluglinie und ihre Tochtergesellschaft ASA verbinden die Hauptstadt von Georgia mit Albany, Macon, Augusta, Brunswick, Valdosta und anderen Städten im Bundesstaat sowie mit etwa 200 Orten in den USA. Visit-USA-Tarife (VUSA) und Coupon-Airpässe ermöglichen bei Buchung in Europa Ermäßigungen auf die Normaltarife.

In Savannahs River Street gibt es noch viele Läden, die selbst Süßigkeiten herstellen und einen verführerischen Duft verbreiten.

Mietwagen und Wohnmobil. Die günstigen Mietwagentarife und Benzinpreise sowie ein ausgezeichnetes Straßensystem schaffen gute Bedingungen, Georgia mit dem PKW zu erfahren. Vor allem für Familien mit Kindern bietet sich ein Wohnmobil an. In Atlanta befindet sich eine Mietstation für Wohnmobile aller Größen.

1

2

1 Das «Planet Hollywood Restaurant» gehört zu den «In-Adressen» in Atlanta.

2 Fast-food-Restaurant in Albany.

ÜBERNACHTUNGSMÖGLICHKEITEN VON LÄNDLICH BIS LUXURIÖS

Allein im Raum Atlanta werden täglich etwa 50 000 Gästebetten gemacht. In den Städten und Feriengebieten können Unterkünfte vom Luxushotel bis zur Privatherberge gebucht werden. Neben den Hotels der landesweit vertretenen Ketten wie Best Western, Holiday Inn oder Ramada locken in den Urlaubsregionen häufig Country Inns mit individuell eingerichteten Zimmern, persönlicher Atmosphäre und einem Schaukelstuhl auf der überdachten Veranda.

Jugendherbergen und einfache YMCA-Unterkünfte werden nur in wenigen Städten angeboten. Auskunft erteilen: American Youth Hostels, P. O. Box 37613, Washington D. C. 20013-7613 und Y's Way, 356 West 34th Street, New York, NY 10001.

Wer mit dem Zelt oder einem Wohnmobil unterwegs ist, wird immer wieder großzügig angelegte Campingplätze mit eigenem Picknicktisch und Grillplatz in landschaftlich schöner Umgebung finden. Außer auf den privaten Campgrounds werden in vielen State Parks Plätze angeboten, die ohne Reservierung nach Reihenfolge der Gäste (Prinzip «first come – first served») vergeben werden. Hier empfiehlt es sich, möglichst früh anzukommen.

IM WÜRGEGRIFF DES KUDZU

Innerhalb von kurzer Zeit entwickelte sich das aus Asien stammende Heil- und Küchenkraut Kudzu in den Südstaaten zu einer alles überwuchernden Landplage.

Ob Bäume, Häuser oder einen alten Schulbus – Kudzu hüllt alles ein.

Es gibt Leute, die behaupten, daß sich die Südstaaten der USA nicht aus geographischen, kulturellen oder historischen Zusammenhängen definieren, sondern daß der Süden dort ist, wo Kudzu wächst. Kudzu überwuchert Bäume, Telegraphenmasten, ja selbst zu lange abgestellte Autos oder leerstehende Häuser. Knapp zehntausend Quadratkilometer Land in den Südstaaten sind von diesem Kraut schon bedeckt, und es werden immer mehr. Schon vor zweitausend Jahren brühten die Chinesen einen Gesundheitstee gegen Ruhr und Fieber aus den Wurzeln und fertigten Kleidung und Papier aus den Fasern der Blätter. Die Japaner nutzten einen Extrakt aus den stärkehaltigen Wurzeln, um Gebäck die notwendige Festigkeit zu geben. In die Neue Welt kam die Pflanze während einer Ausstellung von 1884 bis 1886 in New Orleans; sie schmückte den japanischen Pavillon und trat von dort ihren Siegeszug durch die Südstaaten an. Zunächst pflanzte man Kudzu, um Lauben und Veranden zu begrünen, dann erkannten wissenschaftliche Institute, daß die Wurzeln Stickstoff aus der Luft im Boden binden können und so dessen Qualität verbessern. Das an guten Tagen zwischen dreißig und vierzig Zentimeter wachsende Rankengewächs wurde zudem als Waffe gegen die Gefahr der Bodenerosion eingesetzt. Von 1930 bis 1950 entwickelte sich in den Südstaaten geradezu eine Kudzu-Euphorie: Kudzu-Festivals wurden mit der Wahl von Kudzu-Schönheitsköniginnen gekrönt, und der Farmer Canning Cope gründete in Atlanta den *Kudzu Club of America.*

Diese Zeiten sind vorbei. Heute zahlt das Landwirtschaftsministerium in Washington keine Prämien mehr, wenn Kudzu statt Baumwolle angepflanzt wird. Auch wenn das proteinhaltige Kudzu noch als Viehfutter und in Pulverform als Soßenbinder und Panade in den Küchen der Südstaaten Verwendung findet, gilt die zügellose Pflanze inzwischen als Unkraut. Für die großen Wälder ist Kudzu zu einer echten Bedrohung geworden, da die Bäume von der Pflanze regelrecht eingewickelt und erstickt werden. Die milden Winter des Südens mit gelegentlichen Bodenfrösten töten zwar Oberflächenwurzeln und Blätterwerk, können jedoch den tieferliegenden Wurzeln nichts anhaben, aus denen im folgenden Frühjahr die Pflanze kräftiger den je sprießt.

In einem Gedicht von James Dickey aus Georgia wird vor Kudzu wie vor einem bösen Geist gewarnt. Es könne Schweine und Rinder töten und man dürfe nachts die Fenster nicht offen stehen lassen, da sonst die Ranken hereinwachsen würden. Das ist natürlich dichterische Übertreibung, dennoch ist es bislang weder mit Feuer noch mit chemischen Mitteln gelungen, dem üppig wuchernden Gewächs Herr zu werden. Einige haben sich mit Kudzu bereits arrangiert – so tragen ein populärer Südstaaten-Comic und eine Rockband den Namen des unausrottbaren Krautes. *Axel Pinck*

TRADITIONELLE SÜDSTAATENKÜCHE

«Mary Mac's Tea Room» in Atlanta ist für seine klassischen und preisgünstigen Gerichte in freundlicher Atmosphäre berühmt, in Savannah deuten lange Schlangen vor «Mrs. Wilke's Boarding House» auf besonders gutes Essen hin. In der Tat ist die kräftige, alte Südstaatenküche noch recht lebendig. Vor allem auf dem Land locken wieder mehr Gasthäuser mit frisch zubereiteten Speisen, die bis zum Einzug der Fast-food-Restaurants in den Südstaaten Tradition waren. Wenn vor dem «La Prade» am Lake Burton laut die Glocke erklingt, ist der Speiseraum schnell voll. Die Gäste drängen sich an den langen Tischen, die sich unter den dampfenden Schalen mit Southern Chicken (Hühnchen), gebackenem Schinken, Okragemüse und grünen Bohnen biegen. Die geleerten Schalen und Platten werden rasch durch neue ersetzt, so lange, bis jeder satt ist. Die Bergforellen aus den Flüssen in Nord-Georgia sind eine besondere Delikatesse, in den Restaurants an der Atlantikküste und auf den Inseln kann man sich preisgünstig mit vorzüglichen Seefisch- und Muschelgerichten verwöhnen. Eine weitere Spezialität Georgias: Pekannußtorte.

EINE LIMONADE EROBERT DIE WELT

Der Siegeszug von Coca-Cola

Die erfolgreichste Limonade aller Zeiten wurde in Atlanta erfunden, und Firmen- und Stadtgeschichte sind bis heute sehr eng miteinander verbunden.

Am 8. Mai 1886 wurde in Atlanta ein «erfrischender Gedanke» geboren, der in wenigen Jahrzehnten die Welt eroberte. Der Apotheker John S. Pemberton hatte einen Sirup gebraut, der in Atlantas Jacobs' Pharmacy für «exzellent» befunden und fortan, vermischt mit Tafelwasser, für fünf Cents das Glas in Apotheken und Drogerien verkauft wurde. Dem Kunden verhieß man Köstliches und Heilsames – Coca-Cola wurde als Kopfschmerzmittel angepriesen. Namen und Schriftzug erfand Pembertons Kompagnon F. M. Robinson, der besonders die graphischen Möglichkeiten des großen «C»s zu schätzen wußte.

Wahrscheinlich ist Coca-Cola das erfolgreichste Produkt in der Geschichte des Welthandels. Die Macher von Coca-Cola mobilisierten dafür alle verfügbaren Medien und ein Heer von hochkarätigen Vermarktungs-, Verkaufs- und Werbestrategen, von Designern, Verpackungskünstlern, Kühltechnikern und Stars von Bühne, Film, Funk, Fernsehen und der Musik- und Modebranche. Fast nichts wurde dem Zufall überlassen.

Der Siegeszug des Getränks begann 1893 mit der Gründung der Coca-Cola Company durch den in Atlanta ansässigen Apotheker A. G. Candler, der 1888 von Pemberton gekauft hatte. Candler und Gesellschafter ließen Produkt und Namen schützen und konnten bereits 1895 verkünden, daß Coca-Cola landesweit erhältlich sei.

Coca-Cola stärkt Santa Claus auf seinen langen Reisen (Coca-Cola-Werbung um 1919).

J. A. Biedenharn in Vicksburg, Mississippi, unternahm 1894 erste Versuche, den Geist des Getränks in die Flasche zu bannen.

Southern Belle mit Coke (Werbung um 1900).

Zwei Wahrzeichen Atlantas: das State Capitol (links) und der Coca-Cola-Pavillon.

Den Durchbruch schafften 1899 dann die Herren Whitehead und Lupton in Chattanooga, Tennessee, die Candler ein teilautomatisiertes Abfüllverfahren präsentierten und ihn zur Abtretung aller Rechte auf Flaschenabfüllung und -verkauf von Coca-Cola innerhalb der USA bewegten.

Zum internationalen Branchenriesen entwickelte sich das Unternehmen unter Robert W. Woodruff, der einer Bankerfamilie Atlantas entstammte und Lastwagen verkauft hatte, ehe ihn sein Vater 1923 an die Spitze des Konzerns hievte. Getreu seiner Devise, Coca-Cola weltweit jedermann zugänglich zu machen, wurden in den sechs

Designer-Zapfautomat «Dole Deluxe», 1947.

Jahrzehnten seines Wirkens Lizenzen in fast zweihundert Länder vergeben, Herstellungsverfahren perfektioniert, neue Verpackungsarten entwickelt und die Produktpalette erweitert. Mit mobilen Fertigungsanlagen sorgte Woodruff dafür, daß nicht einmal Frontsoldaten auf ihr Coke verzichten mußten, nachdem General Eisenhower aus Sorge um die Moral seines Afrikakorps 1943 die vertraute Limonade aus der Heimat angefordert hatte.

Für viele symbolisiert Coca-Cola – neben McDonald's – den *American way of life.* Eisenhowers Notruf mag als Indiz dafür gelten, daß in der Tat ein Zusammenhang besteht zwischen dem Megamuntermacher und amerikanischer Befindlichkeit.

Als der Konzern 1985 seinem Bestseller einen anderen Geschmack verpassen wollte, reagierten die Fans gereizt. Denn für viele Amerikaner ist Coca-Cola nicht nur ein Getränk, sondern auch Ausdruck eines Lebensgefühls, wie die überwältigende Akzeptanz von Werbesprüchen wie «Things go better with Coke» zeigte. Mit Coca-Cola geht alles besser – «Coke – It's the Real Thing». *Friedrich W. Horlacher*

EINKAUFEN UND SOUVENIRS

Geschäfte sind meist von Montag bis Sonnabend von 9 Uhr bis 17 Uhr geöffnet, in den Malls, den großen Einkaufszentren, oft auch sonntags und bis 21 Uhr, einige Läden schließen nie («open 24 hours – 7 days a week»). Das Preisniveau wäre bei einem Kurs von etwa DM 1,70 pro Dollar dem deutschen vergleichbar. Deutlich günstiger sind Baumwollprodukte, wie T-Shirts oder Jeans, Sportbekleidung oder Foto- und Videoausrüstungen zu erwerben. Die Preise sind meist ohne die Verkaufssteuer (zwischen sechs und zwölf Prozent) ausgezeichnet. Diese wird an der Kasse hinzugerechnet. Ein besonders schönes Mitbringsel sind Quilts, Decken aus verschieden gemusterten Stoffen, wie sie in der Bergregion von Nord-Georgia hergestellt werden. Auf vielen Festivals und regionalen Märkten werden typische Kunstgewerbe gezeigt und die gefertigten Produkte, Töpfer-, Schnitz- oder Flechtwaren, verkauft. Etwas Besonderes sind auch die eingelegten *Pickles* und *Relishes*, süßsaure Delikatessen, die von den Farmersfrauen nach überlieferten Rezepten zu Hause hergestellt werden.

In den Souvenirläden von Museen, wie dem SciTrek oder dem Fernbank Museum of Natural History in Atlanta, sind neben allerlei Schnickschnack meist auch originelle Artikel zu finden. Antiquitäten, die natürlich ihren Preis haben, bekommt man im Peachtree Road Complex in Atlantas noblem Viertel Buckhead; Virginia-Highlands ist für seine Kunstgalerien bekannt. Mit etwas Glück kann man auch ein schönes Stück bei einem *Yardsale*, einem Flohmarkt auf dem Land erstehen, der nur durch einige Werbezettel in der Umgebung angekündigt wird.

Jedes Jahr im Juni findet in Helen das große Balloon Festival statt.

14 indianische Nationen treffen sich jährlich im Mai zum National Indian Festival in Albany, einem mehrtägigen Fest (pow-wow) mit Tänzen, Paraden und Verkaufsmärkten.

FEIERTAGE, FESTE UND VERANSTALTUNGEN

Offizielle Feiertage: Neujahr (1. Januar), Martin Luther Kings Geburtstag (dritter Montag im Januar), George Washingtons Geburtstag (dritter Montag im Februar), Konföderationstag (vierter Montag im April), Memorial Day (letzter Montag im Mai), Unabhängigkeitstag (4. Juli), Tag der Arbeit (erster Montag im September), Kolumbustag (zweiter Montag im Oktober), Tag der Kriegsveteranen (11. November), Erntedankfest (vierter Donnerstag im November), Weihnachtsfeiertag (25. Dezember).

Das ganze Jahr über werden in Georgia in verschiedenen Städten Feste und Festivals gefeiert: Im Januar findet in Atlanta die *Martin Luther King jr. Week* mit einer großen Zahl von Veranstaltungen statt. Die *St. Patricks Day Parade* der irischen Gemeinde von Savannah am 17. März kann sich mit der Konkurrenz in New York messen. Zum *Kirschblütenfest* in Macon im März kommen sogar Gäste aus dem fernen Japan. Zur Blüte der Hartriegelbäume wird in Atlanta im April das *Dogwood Festival* mit vielen Veranstaltungen begangen. In Augusta treffen sich die weltbesten Golfspieler zum *Masters*. Beim Fest der *Night in Old Savannah* kann man die Kochkünste der Südstaaten genießen. Während des *Scottish Games & Highland Gathering* im Mai führen schottischstämmige Tänzer in Savannah auch den berühmten Kirkin'-o'-th'-Tartans-Tanz auf. Der *Appalachian Wagon Train* im Juni lockt Pferdeliebhaber aus nah und fern nach Chatsworth in Nord-Georgia. Im selben Monat treffen sich in Dahlonega die Freunde der *Bluegrass Music* zu einem Festival. Die Paraden zum *Unabhängigkeitstag* am 4. Juli sind in Atlanta, Savannah und Columbia besonders prächtig. Während der *Georgia Mountain Fair* Anfang August in Hiawassee zeigen Kunsthandwerker und Künstler traditionelle Fertigkeiten und lassen die Erde von ihren Tanzkünsten erbeben (siehe Seite 88). Das *Beach Music Festival* auf Jekyll Island im gleichen Monat gilt als Höhepunkt der Sommersaison an der Atlantikküste von Georgia. Die Schönen Künste stehen bei den Aufführungen und Ausstellungen des *Fine Arts & Crafts Festival* im September in Atlanta im Mittelpunkt. Das *National Pecan Festival* in Albany im Oktober ist der wohlschmeckenden Nuß gewidmet, die auf den Feldern der Region angebaut wird. Ende Oktober öffnet die offizielle *Georgia State Fair*, die Leistungsschau des Bundesstaates, in Macon ihre Tore. Am 11. November findet in Atlanta mit großem Aufwand und Pomp die *Veterans' Day Parade* statt. Karten für die *Football-Spiele* um die Peach Bowl im Dezember in Atlanta sind sehr begehrt und meist schon Wochen vorher ausverkauft.

Tybee Island ist auf Aktivurlauber eingestellt: Hier kann man schwimmen, Boote und Fahrräder mieten, wandern – oder einfach auf den Atlantik schauen.

Der Strand von Tybee Island ist ein Paradies für «Strandläufer».

SPORTMÖGLICHKEITEN

Wandern und Fahrradfahren. Der Appalachian Trail, der von Nord-Georgia 3500 Kilometer lang bis nach Maine führt, ist nur für geübte Wanderer mit drei bis vier Monaten Zeit zu empfehlen. Im Mittelgebirge von Nord-Georgia, im Chattahoochee und im Oconee National Forest gibt es aber auch unzählige kürzere Wanderwege. In vielen Urlaubsgebieten, wie am Lake Lanier oder auf Jekyll Island, sind Fahrradwege und Jogging-Pfade durch die Natur angelegt, die man auf Mieträdern oder schnellen Sohlen erkunden kann.

Wassersport. An den vielen Stauseen von Georgia kann man baden sowie Surfbretter und Boote mieten, gleiches gilt für die Feriengebiete auf den Küsteninseln. Die Bäche und Flüsse im Norden eignen sich vorzüglich zum Kajak- oder Kanufahren, und auf dem Chattahoochee River zwischen dem Lake Lanier und Atlanta trifft man an den Sommerwochenenden auf zahlreiche Gleichgesinnte, die schwimmen oder sich in Booten, Flößen und Autoreifen *(Tubing)* den Fluß hinuntertreiben lassen.

Angeln. Wer einen Angelschein im örtlichen Sportgeschäft erwirbt, kann versuchen, sein Mittagessen selbst am Haken aus dem Wasser zu ziehen. Die fischreichen Flüsse und Küstengewässer Georgias bieten für diesen populären Sport hervorragende Voraussetzungen.

Golf und Tennis. Oft kann man auch als Gast auf einen der vielen Golfplätze in Georgia spielen; einige Hotels verfügen über eigene Tennis- und Golfanlagen, andere können Spielmöglichkeiten vermitteln.

Jagd. In ausgewiesenen Waldgebieten und den Küstenmarschen ist unter Beachtung der örtlichen Vorschriften und nach Erwerb eines Jagdscheines das Jagen auch für Besucher möglich. Oft stellen *hunting plantations* die nötige Ausrüstung bereit.

Ski. Sofern es schneit und friert, kann man im Sky Valley im Nordosten von Georgia auf der einzigen alpinen Piste des Bundesstaates ins Tal abfahren.

DAS MASTERS IN AUGUSTA

In diese 18 Löcher darf nicht jeder einputten. Man muß schon Mitglied des exklusiven Augusta Country Club sein oder zu den besten der Welt gehören. Diese tragen seit 1934 am zweiten Wochenende im April ihr «Masters Golf Tournament» auf der gepflegten Anlage am Savannah River aus. Selbst das Zuschauen ist schwierig. Wer die Golf-Stars nicht am heimischen Fernseher, sondern live erleben will, muß sich lange gedulden oder Glück haben. Tickets für den eigentlichen Wettkampf gibt es nicht für Geld und gute Worte. Die Warteliste, die fünftausend Namen lang ist, wurde bereits 1978 geschlossen, da jedes Jahr nicht mehr als hundert Karten von deren lebenslangen Besitzern frei werden. So konzentriert sich das Interesse auf die Trainingsrunden der Golfgrößen. Da jedoch mehr als eine halbe Million Fans zusehen möchte, werden die zwischen 16 und 21 US-Dollar teuren Tickets unter den Antragstellern verlost.

Stolzer Zuschauer beim Masters, dem berühmten Golfturnier in Augusta, für das nur wenige Eintrittskarten bekommen.

Auf der Suche nach Eintrittskarten zum Masters greifen viele zu ungewöhnlichen Mitteln.

Die silbrigen langen Luftwurzeln des Spanish Moss, die sich bei jedem Windhauch sanft wiegen, verleihen den alten Eichenalleen von Savannah ein etwas melancholisch-verträumtes Flair.

Skyways, gläserne Röhren, verbinden die Gebäude des Peachtree Center in Atlanta.

Blick auf die Banken und Bürogebäude im nächtlichen Atlanta. Mag auch der vielzitierte Spruch, daß Atlanta zu geschäftig sei, um zu hassen – «too busy to hate» –, übertrieben sein, Tatsache ist, daß diese Stadt stets mit großem Pragmatismus geschäfts- und rufschädigende Konflikte zwischen schwarz und weiß vermied und zur unumstrittenen Wirtschaftsmetropole der Südstaaten aufstieg.

ATLANTA

Allgemeine Informationen. Die Hauptstadt Georgias präsentiert sich heute als die bedeutendste Metropole des Südens, als Kreuzungspunkt der Verkehrswege, als Kommunikations- und Wissenschaftszentrum. Der Hartsfield International Airport ist mit mehr als zweitausend Flugbewegungen täglich einer der betriebsamsten der Welt, auf den breiten Schneisen von drei Interstate Highways wälzen sich Zehntausende von Autos in und durch die Stadt. Auch ohne die Olympischen Spiele wählen etwa 15 Millionen Menschen pro Jahr aus geschäftlichen oder privaten Gründen Atlanta

1

2

1 Greek-Revival-Gebäude in Downtown Atlanta.

2 Futuristischer Wolkenkratzer in Midtown Atlanta.

3 Im 156 Meter hohen Atrium des «Atlanta Marriott Marquis Hotel» ist der Blick nach oben atemberaubend.

4 Hübsches Trio im Martin Luther King Memorial, Atlanta.

als Zielort einer Reise. In Atlanta werden fast 100 000 Studenten an 37 Hochschulen ausgebildet. Gut dreißig Schauspieltruppen, eine Fülle exzellenter Museen und hervorragende «Klangkörper» wie das Symphonieorchester widerlegen die Legende von der «Kulturwüste des Südens», die Anfang der zwanziger Jahre in den Neuenglandstaaten gepflegt wurde. Atlanta hat als Heimat der Coca-Cola Company seit 1893 auch eine Tradition als Sitz wichtiger Firmen – international bekannte Unternehmen wie Delta Airlines, der Kabel-TV-Gigant CNN oder United Parcel Service steuern ihre Aktivitäten aus der Hauptstadt von Georgia.

Auf der Basis einer klugen Politik der farbigen Bürgerrechtsbewegung, die mit dem in Atlanta geborenen Martin Luther King jr. ihre bekannteste Symbolfigur hatte (siehe Seite 60), und einer entsprechenden Resonanz bei einigen weißen Politikern hat sich in der Stadt ein Zusammenleben von Menschen verschiedener Hautfarbe entwickeln können, das in Städten wie Los Angeles, New York oder Boston gegenwärtig nicht denkbar erscheint. Ein Faktor, der zur Dynamik der Stadt nicht wenig beigetragen hat. Seit 1973 wird Atlanta von den farbigen Bürgermeistern Andrew Young und Maynard Jackson, ehemaligen Gefolgsleuten von Martin Luther King jr., regiert. Es gibt eine schwarze Mittelschicht, einen «schwarzen Kapitalismus» in der Stadt. Unternehmen wie McDonald's oder die Brauereigruppe Anheuser-Busch betonen in ihrer Werbung, daß sie aktiv gegen Rassendiskriminierung auftreten. Auch wenn die Gegensätze nicht so kraß erscheinen wie in Detroit, Chicago oder New York, heißt das nicht, daß es in Atlanta keine Drogenprobleme, keine Kriminalität oder Armut gäbe. Trotz gewaltiger Bauanstrengungen und viel «Stadtkosmetik» zu den Olympischen Spielen sollten Teile der Auburn Avenue nach Einbruch der Dunkelheit nicht mehr aufgesucht werden, sieht es in armen schwarzen Wohnvierteln wie Summerhill trotz des freundlichen Namens eher traurig aus. Das wohlhabende, überwiegend weiße Wohngebiet von Buckhead im Norden der Stadt mit seinen großzügigen Rasenflächen und Parks sowie dem eleganten Einkaufszentrum Lenox Square hebt sich deutlich davon ab.

DAS ATRIUM DER SUPERLATIVE

Dem Besucher stockt der Atem. Das gewaltige Atrium des «Marriott Marquis Hotel» in Atlanta, dem «Offiziellen Hotel der Olympischen Sommerspiele 1996», wölbt sich 46 Stockwerke in schwindelnde Höhen. Der Blick verliert sich an den mit hängenden Grünpflanzen gesäumten umlaufenden Balkonen, von denen die knapp 1700 Zimmer des größten Hotels der Stadt abgehen. Aus der Höhe des aufragenden Domes führen breite pinkfarbene Stoffbahnen in die Tiefe und bilden ein symbolisches Dach über der Piano-Bar, zwei Stockwerke über dem Marmorboden des Atriums. Elegant geschwungene Brücken führen zu den beiden Aufzügen, in deren gläsernen Kabinen Hotelgäste hinauf- und hinabgleiten. Das «Marriott», das «Hyatt Regency» und der 72stöckige Glaszylinder des «Westin Peachtree Plaza» mit ihren turmhohen Atrium-Lobbys sind Werke des Architekten John Portman aus Atlanta.

3

4

Sehenswertes. Das Stadtzentrum, nicht nur in vielen amerikanischen Großstädten nach Büroschluß verödet, hat in Atlanta durch zusätzliche kleine Plätze mit Geschäften und Restaurants, Baumgruppen und Rasenflächen, die für das olympische Publikum geschaffen wurden, an Attraktivität gewonnen. Das *Peachtree Center*, zwischen dessen verschiedenen Gebäuden sich die Menschen in Glasröhren bewegen, und eine Reihe futuristischer Bürokomplexe und Hotelbauten haben Atlanta zu einer Skyline verholfen, die oft als Symbol für den Neuen Süden gesehen wird. Wie aus einer anderen Zeit wirkt dagegen das *Georgia State Capitol* mit einem dem Vorbild in Washington nachempfundenen Kuppeldach, das mit Blattgold aus den früher ertragreichen Minen im Norden des Bundesstaates bedeckt

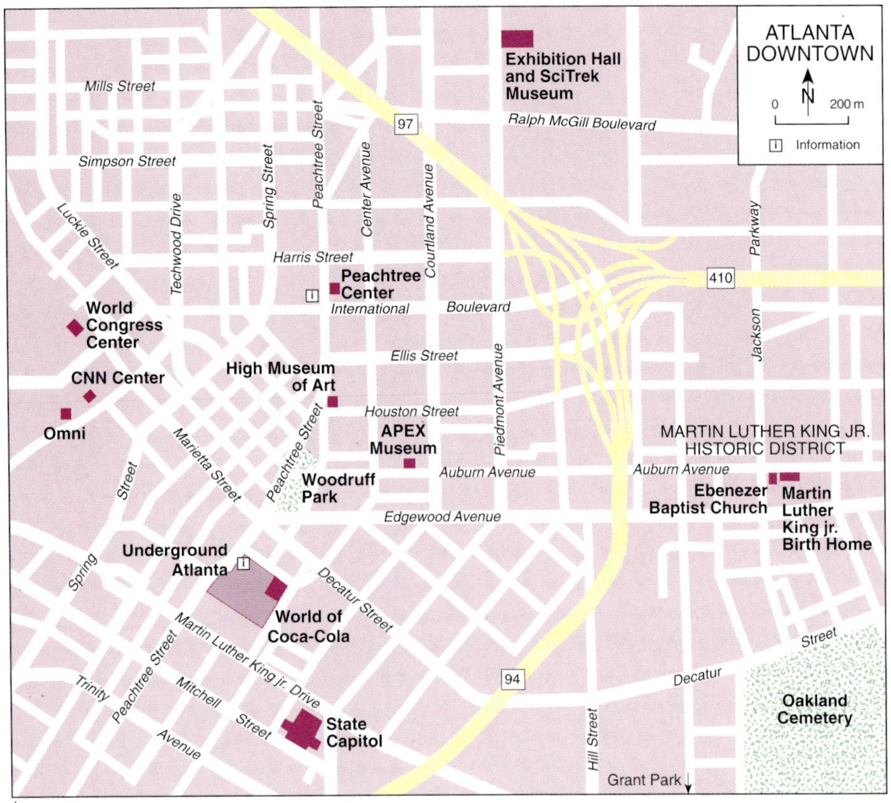

1

2

ist. *Underground Atlanta* nennt sich eine lange vergessene, unterirdische Anlage von Eisenbahngeleisen, die heute zu einem Einkaufs- und Vergnügungszentrum umgestaltet ist. Vor dem südlichen Eingang in die kurzweilige Unterwelt erhebt sich unübersehbar *The World of Coca-Cola*, ein großzügig und originell gestaltetes Ausstellungsgebäude, das die mehr als hundert Jahre währende Geschichte des erfolgreichen Erfrischungsgetränks lebendig werden läßt. Im *CNN Center* läßt sich eine andere amerikanische Erfolgsstory verfolgen: Auf einer Tour durch Redaktionsräume und Studios kann man miterleben, wie der erfolgreichste Nachrichtensender der Welt arbeitet. Im *Grant Park*, in Nachbarschaft zum *Atlanta Zoo*, haben deutsche Künstler, die 1848 in die USA ausgewandert sind, ein plastisches Rundbild, das *Atlanta Cyclorama*, geschaffen, das die Kämpfe der Bürgerkriegsarmeen 1864 um Atlanta nachzeichnet. Die Besucher sitzen auf einer langsam kreisenden Plattform in der Mitte des Bildes, das während der Drehung erläutert wird. Im *Martin Luther King jr. Historic District* entlang der Auburn Avenue liegen das Geburtshaus des Predigers und die Ebenezer Baptist Church, in der Dr. King in den sechziger Jahren von der Kanzel zu hören war. In einer eindrucksvollen Anlage nicht weit von der Kirche steht der Sarkophag aus weißem Marmor, in dem der 1968 bei einem Attentat in Memphis getötete Bürgerrechtler ruht. Eine Ausstellung gibt Aufschluß über die Erfolge und Rückschläge im Leben des Politikers und Geistlichen (siehe Seite 60).

Zum *Robert W. Woodruff Arts Center*, benannt nach dem langjährigen Präsidenten

BESUCH EINES GOSPEL-GOTTESDIENSTES

Einen überwältigenden Eindruck von der tief religiösen, spirituell verbundenen Gemeinschaft der schwarzen Gläubigen in Atlanta bekommt man während eines Gottesdienstes in der Ebenezer Baptist Church: Lauter Gesang dringt durch die Türen des Gotteshauses in der Auburn Avenue, die Gemeinde singt kräftig mit. Hinter dem Pult des Predigers intoniert der Chor einen weiteren Gospel. Seine etwa 25 Mitglieder wiegen sich im Rhythmus der mitreißenden Musik. Der junge Pastor spricht die Gläubigen an, seine Predigt entwickelt sich zum Dialog mit der Gemeinde, die lautstark seine Bemerkungen kommentiert. Es geht um die Probleme des Alltags, der Gesellschaft und um Gott. An dem Predigerpult dieser Gemeinde hat schon der siebzehnjährige Martin Luther King jr. seine erste «Predigt» gehalten, hier arbeitete er als Co-Pastor der schwarzen Gemeinde bis zu seiner Ermordung 1968. Seine Mutter begleitete den Kirchenchor bis 1974 an der Orgel, bis auch sie von einem Attentäter erschossen wurde. Martin Luther Kings Großvater, Reverend A. D. Williams, hatte das aus Spenden der Gemeinde finanzierte neugotische Gotteshaus 1922 eingeweiht. Heute setzt Martin Luther Kings Tochter die Familientradition als Predigerin in der Ebenezer Baptist Church fort. Der Sonntagsgottesdienst beginnt um 7.45 Uhr.

3

der Coca-Cola Company und millionenschweren Mäzen der Stadt, gehört das ausgezeichnete *High Museum of Art*, das *Symphonieorchester* und das renommierte *Alliance Theater*. Im berühmten *Fox Theater*, einem Kinopalast mit ägyptischem und maurischem Dekor, das heute für Veranstaltungen aller Art genutzt wird, fanden in den dreißiger Jahren Filmvorführungen vor 4500 Zuschauern statt. Am nördlichen Rand des Stadtzentrums verspricht das *Science and Technology Museum (SciTrek)*, das Museum für Wissenschaft und Technologie, spannende Erlebnisse nicht nur für Jugendliche, die an Mathematik und Naturwissenschaften interessiert sind. Wer die Charaktere der Kinderbücher von Joel Chandler Harris schätzt, sollte *Wren's Nest*, sein ehemaliges Wohnhaus am Abernathy Boulevard aufsuchen, das liebevoll zu einem kleinen Museum umgestaltet wurde. Dem früheren Gouverneur von Georgia und 39. Präsidenten der USA, James Earl (Jimmy) Carter, sowie den Ereignissen seiner Amtszeit ist das hervorragend gestaltete *Presidential Center* in der Copenhill Avenue gewidmet. Schon fast im Vorort Decatur zeigt das *Fernbank*

1 **Das Peachtree Center gilt als Herz von Downtown Atlanta. Ein Spaziergang auf der Peachtree Street nach Süden führt zum High Museum of Art, vorbei am Woodruff Park und zu Underground Atlanta.**

2 **In der Auburn Avenue wohnen seit Anfang des 20. Jahrhunderts die wohlhabenderen schwarzen Bürger Atlantas, und hier steht auch das Büro der 1932 gegründeten «Atlanta Daily World», der ersten schwarzen Tageszeitung der USA. Allerdings ist die tagsüber belebte Straße nachts wie ausgestorben, dann sollte man dort keine Spaziergänge unternehmen.**

3 **Skulptur in der Auburn Avenue, Atlanta.**

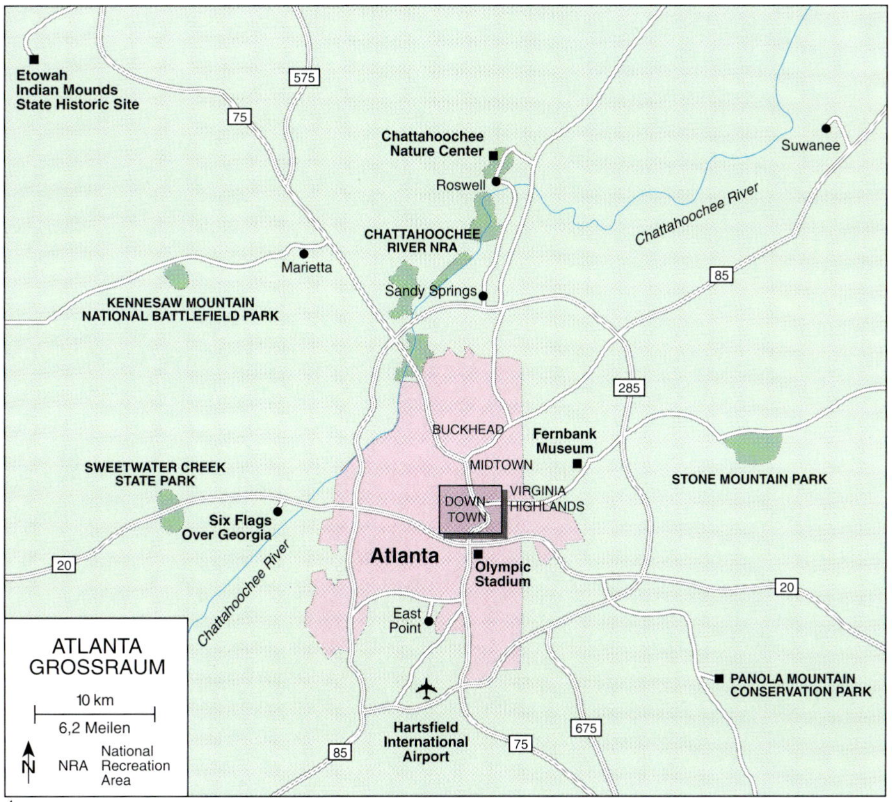

4

4 **Atlanta liegt in einer reizvollen Umgebung, eingebettet in die Ausläufer der Blue Ridge Mountains. Ausflugsziele wie der Stone Mountain Park oder die Etowah Indian Mounds State Historic Site lassen sich in Tagestouren gut besichtigen.**

5 **Eine Drahtseilbahn bringt die Besucher auf den Gipfel des Stone Mountain.**

6 **Fast fünfzig Jahre (1923 bis 1970) arbeiteten Bildhauer an dem Relief am Stone Mountain, das drei Kriegshelden der Südstaaten zeigt: Präsident Jefferson Davis, General Robert E. Lee und General Thomas Jackson (v. l. n. r.).**

Museum of Natural History die Entstehung des Planeten Erde am Beispiel des Bundesstaates Georgia anschaulich und mit Hilfe modernster Technik.

Ausflüge. Am östlichen Stadtrand liegt der *Stone Mountain Park* mit seinem riesigen freistehenden Granitfelsen. Auf den Stone Mountain führen Wanderwege und eine Drahtseilbahn. In eine Seite sind im Relief die Kolossalfiguren des Konföderationspräsidenten Jefferson Davis sowie der Südstaatengeneräle Lee und Jackson eingemeißelt. Nachgebaute Villen und Häuser veranschaulichen das Leben in Georgia in der ersten Hälfte des 19. Jahrhunderts. In den Sommermonaten ist der Granitfelsen Schauplatz einer allabendlichen Lasershow. Am nordwestlichen Rand der Stadt erfreut die beliebte Freizeitanlage der *Chattahoochee River National Recreation Area* vor allem im Sommer die Bürger Atlantas. Etwas weiter in Marietta erinnert der *Kennesaw Mountain National Battlefield Park* an die Auseinandersetzungen im amerikanischen Bürgerkrieg vor gut 130 Jahren.

5

6

SEHENSWERTE ORTE UND LANDSCHAFTEN IN GEORGIA

Ziffern im Kreis verweisen auf die Karte auf Seite 67, kursive Seitenzahlen am Ende der Abschnitte verweisen auf Abbildungen.

Albany ①. «Pekannuß-Hauptstadt der Welt» nennt sich die Stadt am Flint River, die inmitten weitläufiger Plantagen dieser wohlschmeckenden Hülsenfrüchte liegt. Eichen- und Pinienbäume lockern das Stadtbild angenehm auf. Die *Thronateeska Heritage Foundation* zeigt ihre Sammlung zu präkolumbianischen Kulturen in einem umgebauten Eisenbahndepot; das *Albany Museum of Art* ist für seine schöne Sammlung afrikanischer Kunst aus verschiedenen Epochen berühmt. In den warmen Quellen von *Radium Springs* kann man baden.

Andersonville National Historic Site ②. Vom Februar 1864 bis zum April 1865 waren in diesem Kriegsgefangenenlager der konföderierten Staaten während des amerikanischen Bürgerkriegs insgesamt mehr als 45 000 Yankee-Soldaten interniert. Nahezu 13 000 von ihnen starben an Hunger, Hitze, Krankheiten oder durch die Gewehre der Wachmannschaften, die von ihren Türmen auf jeden schossen, der sich der Sperrlinie an der Innenseite der hohen Palisaden näherte. Der durch das Lager führende Bach diente den Insassen als Trinkwasserquelle, Waschstelle und zur Ab-

fallbeseitigung. Die katastrophalen sanitären Bedingungen und die mangelhafte Versorgung mit Nahrungsmitteln waren für die höchste Todesrate verantwortlich, die je in einem amerikanischen Gefangenenlager zu verzeichnen war. Captain Henry Wirtz, der Kommandant von Camp Sumter – wie das Lager offiziell hieß – wurde nach Kriegsende als einziger Soldat der unterlegenen Südstaatenarmee nach einem Militärgerichtsverfahren hingerichtet.
Heute ist Andersonville eine nationale Gedenkstätte, die an das Schicksal amerikanischer Kriegsgefangener vom Revolutionskrieg gegen die englische Kolonialmacht bis zum Golfkrieg gegen den Irak erinnern soll. Auf dem Friedhof liegen 17 000 in Gefangenschaft oder bei Kriegshandlungen getötete Soldaten begraben.

Athens ③. Die altehrwürdige Staatsuniversität von Georgia wurde hier bereits 1785 gegründet. Im Zentrum der Stadt, an deren Hochschule heute etwa 30 000 Studenten eingeschrieben sind, kann man einige bedeutende Bauwerke im Greek-Revival-Stil aus der Zeit vor dem amerikanischen Bürgerkrieg sehen. Die *Demosthenian Hall*, die *Kapelle*, das alte *College-Gebäude*, die *Waddel Hall* und die *Phi Kappa Hall* wurden zwischen 1806 und 1834 errichtet. Die ehemalige *Residenz* des Universitätspräsidenten in der Prince Avenue aus dem Jahr 1855 wird an drei Seiten von gewaltigen korinthischen Säulen gestützt. Eine zweiläufige Kanone, deren Kugeln durch eine Kette verbunden waren, sollte Athens im Bürgerkrieg verteidigen. Das Kuriosum, das zum Glück nie eingesetzt werden mußte, kann auf dem Rasen vor dem Rathaus bestaunt werden. Neben seinem Ruf als »klassische Stadt« ist Athens aber auch für sein jugendliches Flair und lebendiges Straßenleben bekannt. Die Heimat der Rockgruppen R. E. M. und B 52 gilt ferner als eines der Zentren innovativer Musik in Georgia. *8/9*

Atlanta ④. Siehe Seite 79. *4/5, 46, 47, 52, 53, 54/55, 56, 57, 58, 59, 60, 62/63, 64/65, 72, 76/77, 78, 79, 80, 81*

Augusta ⑤. James Oglethorpe, der erste Gouverneur von Georgia, gründete 1736 nach Savannah seine zweite Stadt und nannte sie nach der Mutter des englischen Königs Georg III. Augusta. In ihrer abwechslungsreichen Geschichte war die Stadt zunächst Außenposten der weißen Zivilisation und Handelsstation, wurde während des Unabhängigkeitskriegs der USA hart umkämpft, entwickelte sich zu einem Umschlagplatz für Tabak und im 19. Jahrhundert für Baumwolle, die auf den großen Plantagen beiderseits des Savannah River in Georgia und South Carolina angebaut wurde. Im viktorianischen Gebäude der *Baumwollbörse* sind heute ein Museum zur Geschichte der Baumwollproduktion sowie das Informationsbüro für Besucher untergebracht, der neu gestaltete *Riverwalk* lädt zu Spaziergängen ein. An den Bürgerkrieg vor über 130 Jahren erinnern das *Confederate Monument* im Stadtzentrum und der einsame, fast sechzig Meter hohe Schornstein der *Sibley Mills*, einst wichtigste Schießpulverfabrik der Konföderation. Das Handels- und Produktionsstädtchen am schiffbaren Savannah River ist ferner eines der bedeutendsten medizinischen Zentren der Südstaaten. Im April jeden Jahres treffen sich die weltbesten Golfer zum *Masters* auf dem Augusta National Golf Course. *10/11, 74*

Brunswick ⑥. Der Name der Hafenstadt an der südlichen Atlantikküste von Georgia erinnert an das aus Braunschweig kommende Adelsgeschlecht des »House of Hannover«, aus dem mehrere englische Könige entstammen. Heute ist Brunswick Heimathafen einer bedeutenden Küstenfischerflotte und für seine fischverarbeitende Industrie sowie als Ausgangspunkt für die Erkundung der vorgelagerten Inseln, der Golden Isles, bekannt. Auf etwa 900 Jahre wird die gewaltige Eiche *Lovers Oak* an der Kreuzung von Prince und Albany Street geschätzt, unter deren schützendem Blätterdach sich bereits indianische Liebespaare getroffen haben sollen. Die Küstenniederungen der *Marshes of Glynn* haben gegen Ende des 19. Jahrhunderts den bekanntesten Dichter von Georgia, Sidney Lanier, zu wortgewaltigen Hymnen inspiriert. Nördlich von Brunswick läßt sich die rekonstruierte *Hofwyl-Broadfield-Plantage* besichtigen, auf der vor dem Bürgerkrieg Reis von afrikanischen Sklaven angebaut wurde.

Chatsworth ⑦. Noch heute wird aus Fundstätten in zwei bis 15 Metern Tiefe Talkum abgebaut und in Mühlen zu Pulver verarbeitet. Sonst ist das kleine Städtchen im

Links oben und unten: Filmszenen aus »Die Farbe Lila«. Der Roman von Alice Walker, die aus Eatonton stammt, erhielt 1983 den Pulitzer-Preis und wurde wenige Jahre später sehr erfolgreich von Stephen Spielberg in Georgia verfilmt.

Seinen vielen historischen Gebäuden verdankt Athens den Beinamen »Classic City«.

Oben: Greek-Revival-Stil auf dem Campus der 1785 gegründeten Universität von Athens. Es heißt, daß die Politiker auf der Suche nach einer Universitätsstadt Ende des 18. Jahrhunderts bewußt nicht Savannah oder Charleston wählten, sondern das damals winzige Athens, damit die Studenten möglichst wenig Ablenkung hätten.

Unten: Das Rathaus in Athens.

Oben: Das viktorianische Gebäude der Baumwollbörse in Augusta. Im 19. Jahrhundert war diese Stadt neben Savannah einer der wichtigsten Handelsplätze für Baumwolle.

Mitte links: Der Historical Riverfront Industrial District von Columbus wurde rechtzeitig für die Olympiade 1996 restauriert.

Mitte rechts: Vorbereitungen zur «Weltmeisterschaft der Goldwäscher» in Dahlonega.

Mittelgebirge von Nord-Georgia eher als Sommerfrische bekannt. Pferdeliebhaber kommen bei verschiedenen Festivals und Wettbewerben auf ihre Kosten.
Das *Chief Vann House* im nahegelegenen Örtchen Spring Place gehörte einst dem Cherokee-Häuptling James Vann, der sich den Weißen soweit angepaßt hatte, daß er selbst zum Plantagen- und Sklavenbesitzer geworden war. Im Jahr 1834 wurde seine Familie dennoch mit den meisten anderen Cherokee-Indianern, die im Berg- und Hügelland der Appalachen lebten, von der Miliz und der Armee aus Georgia nach Oklahoma vertrieben, um Platz für weitere weiße Siedler zu schaffen.

Chickamauga-Chattanooga National Military Park ⑧. Vom 18. bis 20. September 1863 trafen die Armeen der Nord- und der Südstaaten am Chickamauga Creek aufeinander. In einer von beiden Seiten unkoordiniert geführten Schlacht, die über 34 000 Tote und Verwundete kostete, entschied das Glück für den Süden. Die Konföderierten unter General Braxton Bragg konnten die Unionsarmee unter General Rosecrans aus ihren Stellungen verjagen und in die Stadt Chattanooga zurücktreiben. Zwei Monate später war General Grant Befehlshaber der Unionstruppen bei Chattanooga geworden. Es gelang ihm, den Belagerungsring der Südstaaten zu durchbrechen und die strategische Höhe von Lookout Mountain zu besetzen. Der Verkehrsknotenpunkt in Ost-Tennessee war nun sicher in den Händen der Nordstaaten, die direkte militärische Bedrohung für Atlanta deutlich gestiegen. Im Visitor Center und auf dem ehemaligen Schlachtgelände läßt sich diese blutige Episode des Bürgerkriegs nachverfolgen.

Columbus ⑨. Die Stadt, die 1828 auf den Überresten einer Siedlung der Creek-Indianer gegründet wurde, hat in doppelter Weise von ihrer Lage am Chattahoochee River profitiert. Da der Fluß von seiner Mündung in den Golf von Mexiko bis Columbus schiffbar ist, wurde die Stadt zu einem regen Umschlagplatz für Waren aller Art. Die Wasserkraft half zudem, die textil- und metallverarbeitende Industrie zu entwickeln, die der Stadt auch nach der Niederlage des Südens im amerikanischen Bürgerkrieg einen schnellen wirtschaftlichen Aufschwung ermöglichte.
Im Gebäude der *Columbus Iron Works* ist inzwischen ein modernes Kongreß- und Handelszentrum eingezogen. Auf der Bühne des *Springer Opera House*, einem viktorianischen Theaterbau, haben bereits Berühmtheiten wie Oscar Wilde und Irving Berlin gespielt. Das riesige Areal der *Fort Benning Military Reservation* südlich von Columbus ist nicht nur Garnison vieler tausend Infanteriesoldaten und Fallschirmjäger, sondern gibt im *National Infantry Museum* auch Auskunft über die Kampftechniken der amerikanischen Infanterie.

Cumberland Island National Seashore ⑩. Etwa 25 Kilometer erstreckt sich die bis zu fünf Kilometer breite Insel vor der südlichen Atlantikküste von Georgia bis an die Staatsgrenze zu Florida. Das nur über eine Fähre ab St. Mary zugängliche Eiland steht seit knapp dreißig Jahren unter Naturschutz. In einigen Ruinen, wie dem früheren Landsitz des Stahlindustriellen Carnegie

aus Pittsburgh hat die Natur inzwischen wieder die Herrschaft übernommen. In den Eichen-, Palmetto- und Pinienwäldern hinter den Sanddünen an der Atlantikküste und den Salzwassermarschen im Westen leben Wildpferde, Rotwild, Otter, Alligatoren, Reiher und etwa dreihundert weitere Tierarten. Fahrzeuge sind auf der Insel verboten, das Naturparadies ist den Wanderern vorbehalten. An einigen Plätzen kann man – nach Voranmeldung – campen.

Dahlonega ⑪. Im Jahr 1828, noch zwanzig Jahre vor dem Goldrausch im fernen Kalifornien, wurde in den Bergen um Dahlonega Gold gefunden. Die Bundesregierung in Washington richtete in der Stadt eine Münzstätte ein, in der bis zum Ausbruch des Bürgerkriegs Goldstücke geprägt wurden. Im *Courthouse Gold Museum* wird die Zeit des Goldfiebers lebendig dargestellt. Wer will, kann gegen eine Gebühr in der *Crisson's Gold Mine* oder dem *Gold Miners' Camp* versuchen, einige Nuggets aus dem Geröll herauszuwaschen. Der *Cherokee National Forest*, ein riesiges Waldgebiet in den Ausläufern der Appalachen, beginnt nördlich der Stadt. In der Nähe von Dahlonega nimmt auch der berühmte *Appalachian Trail*, ein Wanderweg, der sich über 3500 Kilometer auf dem Kamm des Gebirgszuges bis in das nördliche Maine hinzieht, seinen Anfang.

Eatonton ⑫. Man muß schon auf den Aussichtsturm steigen, um genau zu erkennen, daß die indianischen Bewohner des Landes vor etwa fünf- bis sechstausend Jahren die Umrisse eines gewaltigen Raubvogels aus milchweißen Quarzsteinen formten,

dessen ausgebreitete Schwingen von einer Spitze zur anderen etwa vierzig Meter messen. Wissenschaftler vermuten, daß die Anlage von *Rock Eagle Effigy Mound* einst für religiöse Zeremonien diente.
Der Kinderbuchautor Joel Chandler Harris (1848–1908), dessen »Geschichten von Onkel Remus« nicht nur in den USA bekannt sind, stammt aus Eatonton. Im *Uncle Remus Museum* werden die Charaktere der Tiergeschichten, die der fiktive alte Sklave Remus den Kindern erzählt, lebendig, sind Bilder zu den Büchern und viele Erstausgaben von Harris' Werken ausgestellt.

Etowah Indian Mounds State Historic Site ⑬. Im Tal des Etowah River wurden die Überreste von mehr als hundert indianischen Siedlungen gefunden.

1

Die größte von ihnen, etwa fünf Kilometer südlich des Städtchens Cartersville gelegen, gruppierte sich um sechs größere Erdhügel und zwei offene Plätze. Sie muß zwischen 1000 und 1500 n. Chr. von mehreren tausend Menschen bewohnt gewesen sein. Die Indianer der Waldland- und der Mississippi-Kulturen lebten in geordneten Gemeinwesen, geleitet von Priesterhäuptlingen, und bebauten die fruchtbaren Schwemmländer des Flußufers mit Kürbis, Mais und Bohnen. Die abgeflachten Erdpyramiden, deren größte eine Grundfläche von 12 000 Quadratmetern mißt, dienten zeremoniellen Zwecken, als Bestattungs- und als Wohnhügel für den Häuptlingsclan. Fundstücke, die in einem kleinen Museum ausgestellt sind, belegen den Handelsaustausch mit indianischen Kulturen bis zum Golf von Mexiko im Süden und den Großen Seen im Norden.

Gainesville ⑭. Die viktorianischen Villen und die prachtvollen, neoklassischen weißen Häuser mit säulengestützten Portiken im *Green Street Historic District* sind erst Ende des 19. Jahrhunderts entstanden. Sie zeugen vom gediegenen Wohlstand in der Stadt am östlichen Ufer des Lake Lanier. Goldfunde sorgten 1829 nur für kurze Aufregung. Heute legen die Hühner »goldene Eier« – die Geflügelzucht hat hier eine mehr als hundertjährige Tradition. Kultur und Kunsthandwerk der Region sind in den Räumen der *Green Street Station* ausgestellt.

Golden Isles of Georgia ⑮. Die Spanier, die die Gruppe der Barrier Islands die »goldenen Inseln von Guale« nannten und sie ihrer Kolonie Florida zuschlugen, erhoben lange neben den Engländern Anspruch auf die dem Festland von Georgia vorgelagerten Eilande und gründeten dort eine Reihe von Missionen. Sea Island, St. Simons und Jekyll Island lassen sich vom Festland über Brücken erreichen, die Inseln Sapelo, St. Catherine, Little St. Simons und Blackbeard sind nur mit der Fähre zugänglich.
Auf einer Anhöhe an der Westküste von *St. Simons Island* sind einige Ruinen von *Fort Frederica* erhalten. Diese Befestigungsanlage war 1736 auf Anweisung des Gouverneurs von Georgia, Oglethorpe, errichtet worden, um die Ansprüche der englischen Krone gegenüber Spanien wirkungsvoll zu vertreten. Am 7. Juli 1742 entschied die Schlacht von »Bloody Marsh« den Interessenkonflikt zwischen beiden Kolonialmächten. Ganz Georgia, die Gruppe der Barrier Islands eingeschlossen, blieb unter englischer Herrschaft, die Spanier zogen sich ins südliche Florida zurück. Das Besucherzentrum des *Fort Frederica National Monument* gibt einen Eindruck vom Garnisonsleben auf einem vorgeschobenen Posten des britischen Kolonialreiches. Die Ferieninsel ist vor allem im Süden mit Hotels, Restaurants und Geschäften touristisch erschlossen. Der Schönheit der langen Sandstrände, der weiten Salzwassermarschen und der Eichenwälder konnte dies keinen Abbruch tun.
Sea Island ist die Domäne der exklusiven Ferienanlage von »The Cloister«. Zwar können sich Besucher auf der kleinen Insel umsehen, für die meisten werden Hotelzimmer und Villen jedoch unerschwinglich bleiben. Amerikanische Präsidenten wie Coolidge, Hoover, Eisenhower, Nixon, Ford, Carter und Bush konnten sich die astronomischen Preise offenbar leisten und sind auf der langen Gästeliste verzeichnet.

3

Little St. Simons Island ist nur per Fähre zu erreichen. Außer den 24 Gästen einer kleinen, aber feinen Lodge wohnen keine Menschen auf der Insel. Dafür findet man in den Wäldern und Marschen eine artenreiche Tierwelt, die es genießt, nicht durch zu viele Besucher aufgestört zu werden.
Jekyll Island ist erst seit 1947 für gewöhnliche Sterbliche zugänglich. Herrliche Strände an der Atlantikküste, schöne Eichenwälder und beschauliche Marschen ziehen viele Urlauber an. *2/3, 6/7, 18, 24, 25, 26/27, 68, 74, 90/91*

1 Nördlich von Eatonton stößt man auf den Rock Eagle Effigy Mound, einen riesigen Felshügel in Form eines Raubvogels. Meist wurde dieser Vogel als Adler interpretiert, der in der indianischen Mythologie eine herausragende Rolle spielt.

2

2 Seit sich das kleine Städtchen Helen in Nord-Georgia im Stil eines «bayrischen Alpendorfs» präsentiert, kommen die Touristen.

3 Der buchtenreiche Lake Chatuge ist ein beliebtes Feriengebiet im Norden Georgias.

Helen ⑯. Als nach dem Verfall der Holzpreise der Niedergang des kleinen Holzfällerdorfes in den Bergen von Nordost-Georgia drohte, beschlossen die Einwohner, ihr Dorf zu einem «Bavarian Village» umzugestalten und damit zu einer Touristenattraktion zu machen. «Fasching Karnival» wird im Januar und Februar gefeiert, «Volksmarch» im April, ein «Mayfest» natürlich im Mai, das «Balloon Festival» steigt im Juni, das «Oktoberfest» beginnt wie in München schon im September, und Ende November werden die Straßen festlich für den Weihnachtsmarkt geschmückt. Seitdem kommen die Besucherströme und freuen sich an der «Gemutlichkeit» und der «Umpapa-Musik». *73*

Hiawassee ⑰. Am Lake Chatuge ist ein attraktives Städtchen inmitten des Chattahoochee National Forest entstanden, das mit einigen kleinen Hotels, Campingplätzen und Bungalows auf Urlauber wartet. Die bewaldeten Ausläufer der Appalachen verlocken zum Wandern, die Seen zum Baden und zum Angeln. Zu den Festivals im Sommer und im Herbst strömen Besucher von nah und fern herbei, um sich vom Gesang und dem Fiddeln der Mountain Music mitreißen zu lassen (siehe Seite 88).

Lake Sidney Lanier ⑱. Der See entstand im Jahr 1957, als der Chattahoochee River bei Buford aufgestaut wurde. Vor allem die Bewohner von Atlanta nutzen den

JEKYLL ISLAND

Die Insel der Millionäre

Ende des 19. Jahrhunderts wurde die landschaftlich reizvolle Insel, die General Oglethorpe nach seinem Freund und Finanzier Sir Joseph Jekyll benannt hatte, zum Domizil des damals exklusivsten Clubs der Welt.

Es gab ihn also auch in Wirklichkeit, den Millionärsclub von Entenhausen, in dem sich Onkel Dagobert Duck mit Gleichgesinnten traf. Ob Walt Disney den Jekyll Island Club als Vorbild hatte, ist nicht bekannt, Parallelen sind unverkennbar. Im Jahr 1886 hatte John Eugene du Bignon, Nachfahre französischer Adliger, die vor der Revolution in die Neue Welt geflüchtet waren, seinen Grundbesitz, Jekyll Island, für 125 000 US-Dollar an eine Gruppe von sehr reichen Geschäftsleuten aus dem Nordosten der USA verkauft. Vorher war die Insel, ihre Wälder und Marschen, ein beliebtes Jagd- und später auch Siedlungsgebiet der Guale-Indianer gewesen. Die damalige Mitgliederliste des Jekyll Island Club liest sich wie ein Almanach des Reichtums: William Rockefeller, J. P. Morgan, Joseph Pulitzer, Vincent Astor, Charles Goodyear, die Familie Macy und William Vanderbilt ließen auf der Insel Villen, die sie bescheiden *Cottages* (Hütten) nannten, errichten. Die Gestaltung der Fenster in der kleinen Kapelle wurde keinem geringeren als Louis Comfort Tiffany persönlich übertragen. Tennisplätze, Golfbahn, Marina und ein Clubhaus, das hundert Gäste standesgemäß beherbergen konnte, bildeten den Rahmen für angenehme Wintermonate, fernab vom Schnee und Eis des Nordens. «Eine hervorragende Lösung des schwierigen Problems, völlige Abgeschiedenheit mit der angenehmen Gemeinschaft Gleichgesinnter an ein und demselben Ort zu finden», wie es in einer Erklärung des Clubs hieß. Doch nach dem großen Börsenkrach von 1929 schrumpfte die Zahl der Anteilseigner. Als die USA 1941 in den Zweiten Weltkrieg eintraten, bedeutete dies auch das Ende des Millionärsclubs an der Atlantikküste. Es galt nicht als opportun, ein Luxusleben auf der Ferieninsel zu führen, während die Soldaten für das Vaterland in Schützengräben kämpften. Im Jahr 1947 übernahm der Bundesstaat Georgia für 675 000 US-Dollar die Insel vom Club und wandelte sie in einen State Park um. Heute muß man nicht mehr Multimillionär sein, um Jekyll Island aufsuchen zu dürfen. Einige der Cottages sind restauriert und für die Besichtigung geöffnet. Wer will, kann sogar für etwas mehr Geld in dem zu einem Luxushotel umgestalteten Jekyll Island Clubhaus sein müdes Haupt auf denselben Kissen betten, die einst den Superreichen dieser Welt vorbehalten waren. *Axel Pinck*

Berühmte Clubmitglieder: William Rockefeller (oben links) und Joseph Pulitzer (oben rechts). – Unten: Das Clubhaus der Millionäre.

1

2

AUSFLUG IN DIE SÜMPFE

Leise gleitet das Flachbodenschiff durch das fast schwarze Wasser des Okefenokee-Sumpfes. Es geht vorbei an Teichrosen und Wasserhyazinthen, Kugelbinsen und Schilf. Auf größeren Inseln wachsen Kiefern, Magnolien und Zypressen, auf den schwankenden Torfschichten gedeihen Farne und Gräser. Einige scheinbar träge Alligatoren lassen sich sehen. Reiher, Ibisse und Enten, Fischadler, Störche und zahllose andere Vögel fühlen sich in der Abgeschiedenheit des riesigen Sumpfgebietes ebenso wohl wie Tausende von Moskitos, die die Besucher freudig mit schmerzhaften Stichen in ihrem Herrschaftsbereich begrüßen. Neben kürzeren Bootsausflügen werden auch mehrtägige Kanutouren organisiert; auf Holzplattformen über dem Wasser erwarten Zelte die Ausflügler zur Nacht. Weniger abenteuerlich, aber bequemer schläft es sich in einem Hotel der nahegelegenen Orte Waycross oder Folkston. Im Okefenokee Swamp Park am nördlichen Rand des Schutzgebietes wird über das Ökosystem des Sumpfes und über frühe Siedlungsversuche informiert.

3

4

nach dem bekannten Heimatdichter von Georgia benannten Stausee und die vielen Freizeiteinrichtungen als Naherholungsgebiet. Einige Inseln in Ufernähe sind durch Brücken miteinander verbunden. Golf-, Tennis- und Reitanlagen, Wasserrutschen, Segelschulen und Wanderwege dienen der Unterhaltung, diverse Hotels, Campingplätze und Ferienhäuser sorgen für die Unterbringung der (Wochenend-)Urlauber.

Macon ⑲. Mitte März wird in Macon das Kirschblütenfest gefeiert: 70 000 blühende japanische Kirschbäume bilden den Rahmen für mehr als dreihundert kulturelle und sportliche Veranstaltungen. Das *Harriet Tubman Museum* ist der Entwicklung der bildenden und darstellenden Kunst farbiger Amerikaner gewidmet.

Am östlichen Stadtrand von Macon liegt das *Ocmulgee National Monument*. Ausgrabungen haben belegt, daß das fruchtbare Ufer des Ocmulgee-Flusses bei Macon seit etwa 10 000 Jahren von unterschiedlichen indianischen Kulturen besiedelt worden ist. Vor etwa tausend Jahren haben Indianer der sogenannten Mississippi-Kulturen (500 bis 1500 n. Chr.) die gewaltigen Erdpyramiden (Mounds) geschaffen, deren Überreste noch heute zu bewundern sind. Das hervorragend gestaltete *Museum* im Visitors Center gibt überraschende Einblicke in eine hochentwickelte indianische Kultur. *38, 95*

Madison ⑳. Einflußreiche Bürger, deren Eintreten gegen die Abtrennung der Südstaaten von der Union bekannt war, verwendeten sich bei General Sherman, die Stadt auf seinem Feldzug von Chattanooga nach Savannah nicht niederzubrennen. So wurde in Madison ein seltenes Ensemble schöner Villen im Greek-Revival- und viktorianischen Stil erhalten, das bereits vielen historischen Filmen als Kulisse diente. *38*

New Echota State Historic Site ㉑. Hier hatten die Cherokee-Indianer, die man zu den sogenannten Fünf zivilisierten Stämmen zählte, 1828 die Hauptstadt ihrer indianischen Republik gegründet. Obwohl sie ihre Glaubenswelt, ihr Gesellschafts- und Rechtssystem zu Gunsten des amerikanischen Vorbildes fallenließen, umstellten 1838 Kavalleriesoldaten New Echota und richteten ein Internierungslager ein, von dem aus etwa 13 000 Indianer nach Oklahoma zwangsumgesiedelt wurden. Nach den Vorstellungen des US-Präsidenten Jackson mußte Platz geschaffen werden für nachdrängende weiße Siedler. Einige rekonstruierte Gebäude, der Gerichtshof, eine Taverne, das Ratsgebäude und das Druckhaus des «Cherokee Phoenix» können besichtigt werden.

In North Carolina leben Nachkommen der damals entkommenen Cherokee in der *Cherokee Indian Reservation*.

Okefenokee Swamp ㉒. Der gewaltige Sumpf breitet sich im Grenzgebiet von Georgia und Florida auf einer Fläche von 1700 Quadratkilometern aus. Längst nicht so durch Umwelteinflüsse belastet wie die Everglades im Süden Floridas, bietet Okefenokee mehr als 10 000 Alligatoren, 600 Ottern, 150 Schwarzbären und je nach Jahreszeit mehr als 20 000 Vögeln eine Heimat. Von drei am Rand des Naturschutzgebietes liegenden Orten, *Waycross* im Norden, *Folkston* im Osten und *Fargo* im Südwesten, können Touren in das Sumpfgebiet unternommen werden. *31, 32/33, 34, 35*

Pine Mountain ㉓. Dies sollte «der schönste Garten werden, den die Erde gesehen hat, seitdem Adam ein Junge war» – der

1 Das Druckhaus der in Englisch und Cherokee verfaßten Zeitung «Cherokee Phoenix» in der New Echota State Historic Site. Joseph Sequoya, ein Cherokee-Indianer, erkannte Anfang des 19. Jahrhunderts, welche Vorteile die weiße Kultur gegenüber der schriftunkundigen indianischen Kultur hatte, und entwickelte innerhalb kurzer Zeit ein Alphabet der Cherokee-Sprache.

Textilindustrielle Cason J. Callaway verwandelte den Feriensitz seiner Familie in ein Naturparadies. Ab 1952 konnte auch die Öffentlichkeit an den *Callaway Gardens* teilhaben. Auf 57 Quadratkilometern wachsen herrliche Wälder, wilde Azaleen leuchten in verschiedenen Rot- und Gelbtönen. Eine acht Kilometer lange Straße windet sich durch das Freizeitgelände, in dem mehrere Golfplätze, Tennisanlagen und ein Badestrand am *Robin Lake* die Besucher vor allem im Sommer erfreuen. Eine besondere Attraktion ist das *Day Butterfly Center* mit unzähligen Schmetterlingen. *40/41, 43*

5

Plains ㉔. Bis auf sein gegenwärtiges Wohnhaus läßt sich so ziemlich alles besichtigen, was in dem kleinen Erdnußfarmerdörfchen, der Heimat von Jimmy Carter, mit dem 39. Präsidenten der USA zu tun hat. Eine ausgeschilderte Tour des *Jimmy Carter National Historic Site* führt zu seinem Geburtshaus und früheren Wohnhäusern, zu seiner alten Schule, zur Tankstelle seines Bruders Billy, zum Lagerhaus für Erdnüsse und zum früheren Eisenbahndepot, dem Hauptquartier der Präsidentschaftskampagnen von 1976 und 1980, in dem auch ein Besucherzentrum eingerichtet ist.

Rome ㉕. Da die Stadt in Nord-Georgia ebenso wie ihre Namensgeberin am Tiber auf sieben Hügeln erbaut wurde, nannten ihre Gründer sie kurzerhand Rom. Außer einer von Mussolini 1929 geschenkten Statue der Capitolinischen Wölfin, die Romulus und Remus auf einem Platz vor dem städtischen Rathaus säugt, erinnert in dem Ort nicht viel an das italienische Vorbild. Industriebetriebe unterschiedlicher Branchen tragen zum bescheidenen Wohlstand des Ortes bei. *12/13, 44, 45, 46, 50, 51, 61*

Savannah ㉖. Viele der restaurierten Häuser im historischen Stadtkern stammen vom Ende des 18. bis zur Mitte des 19. Jahrhunderts, aus der Zeit zwischen dem Unabhängigkeitskrieg und dem Ausbruch des Bürgerkriegs 1861. Das einmalige Ensemble hunderter Antebellum-Häuser ist einer privaten Initiative von zunächst sieben Ladies aus Savannah zu danken, die vor etwa vierzig Jahren begannen, alte, vom Abriß bedrohte Häuser aufzukaufen und an Bürger, Institutionen und Firmen zu veräußern, die sich verpflichteten, die Gebäude originalgetreu zu restaurieren. Der »Fortschritt« konnte gestoppt und Savannah vor einer gesichts-

7

6

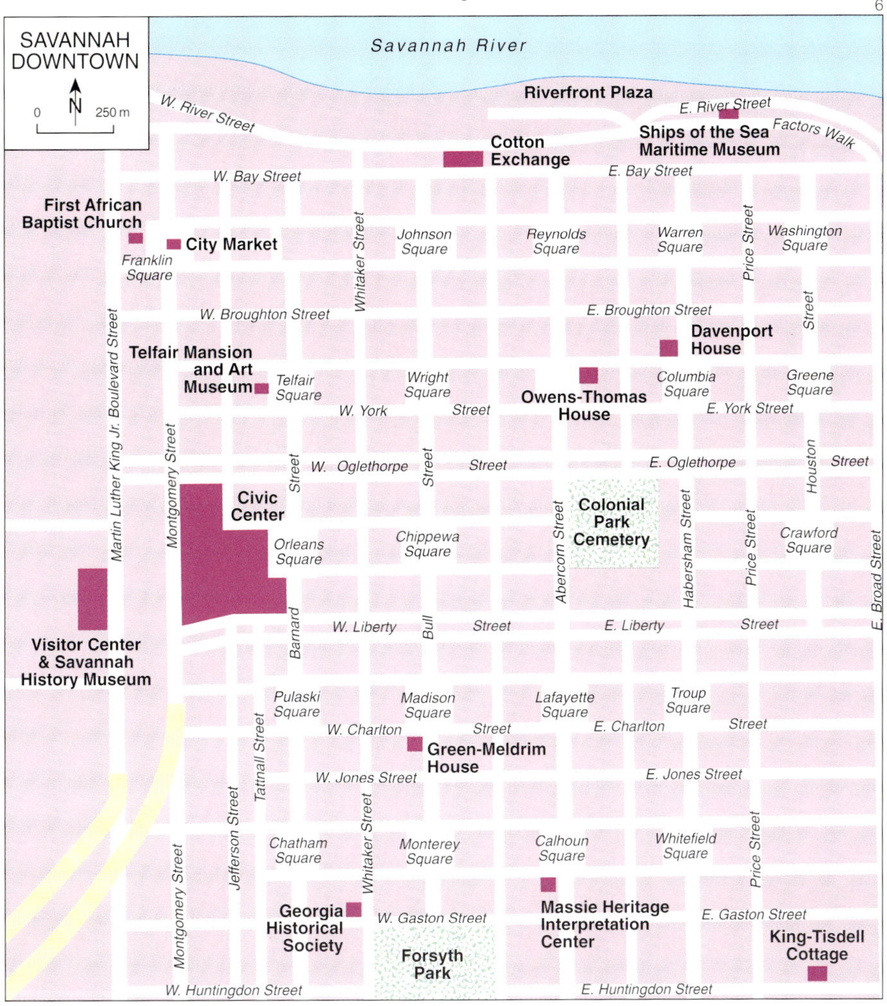

2 Restaurierte Blockhütte der Cherokee-Indianer in New Echota.

3 Eine Bootsfahrt durch den Okefenokee Swamp ist eine Begegnung mit der ebenso geheimnisvollen wie faszinierend schönen Welt der Sümpfe.

4 Romantische Szenerie in den Callaway Gardens bei Pine Mountain.

5 Ein Geschäftsmann verbringt zeitungslesend seine Mittagspause in der Innenstadt von Savannah.

6 Wie man an der streng geometrischen Ausrichtung der Straßen und Plätze sieht, wurde Savannah auf dem Reißbrett entworfen.

7 Typischer Hauseingang in Savannah.

MOUNTAIN MUSIC

Schuhplattler und Steptänzer in den Appalachen

Banjo, Fiddel und Dulcimer begleiten alte englische Lieder, an heimische Schuhplattler erinnernde «Cloggers» stampfen im Takt – die Georgia Mountain Fair ist ein mitreißendes Spektakel, das jährlich immer mehr Besucher anzieht.

«Die fröhlichen Bootsleute» lautet der Titel dieses Gemäldes von George Caleb Bingham aus dem Jahr 1846 (96,6 x 123,2 cm, Manoogian Collection).

Anfang August ist es soweit: Für zwölf Tage gibt es in Hiawassee kein anderes Thema als die Georgia Mountain Fair. Aussteller und Künstler aus Georgia, North und South Carolina sowie aus Tennessee musizieren, tanzen und führen alte Handwerke der Bergbewohner der Appalachen vor. Man zeigt Halbedelsteine und Bergkristalle aus den umliegenden Bergen, Farmersfrauen präsentieren stolz in Gläsern eingemachte Früchte, Marmeladen und Gemüse, Schweinerennen erheitern die Zuschauer. In einem rekonstruierten Dorf der Jahrhundertwende kann man einem Schmied bei der Arbeit zusehen oder selbst versuchen, aus einer Baumscheibe mit der Axt dünne Dachschindeln zu schlagen. Der alte *General Store*, die typische Gemischtwarenhandlung mit dem unvermeidlichen Spucknapf, hat schöne Quilts ausgestellt, Überdecken mit phantasievollen Mustern aus verschiedenfarbigen Stoffstreifen. Auf dem Dorfplatz spielt eine Country Band zum Tanz auf. Doch die «richtige Musik» ist in der großen Halle zu hören: Dort wird gefiddelt und auf dem Banjo gepickt, auf der Harmonika gespielt und die Handorgel bedient, daß es eine Freude ist. Schuhplattler und Steptänzer zeigen ihre Künste in beeindruckenden Tanzformationen und waghalsigen Soloeinlagen, lautstark angefeuert vom sachkundigen Publikum. Die Fiddler spielen sich in einem Wettbewerb die Seele aus dem Leib – die über 60 Jahre alten Senior-Fiddler werden dabei nicht schneller müde als die bis zu 59 Jahre alten Junioren. Zwölf Tage und Nächte reißt die Musik die Zuschauer in der stets ausverkauften Halle mit. Dann kehrt in Hiawassee für einige Monate wieder die Ruhe des Alltags ein. Bis zum nächsten Music Festival im Oktober.

Die Bergregion von Nord-Georgia wirbt damit, daß hier, fernab von Hektik und Großstadtrummel, die einfachen Freuden des Lebens wieder zu entdecken sind. Das Bedürfnis nach Natur und Natürlichkeit scheint im Trend zu liegen: Zur ersten Mountain Fair im Jahr 1952 kamen 6000 Besucher, heute sind bereits 150 000 daraus geworden. *Axel Pinck*

Hier wird um die Wette gefiddelt.

losen Innenstadt bewahrt werden. Im *Georgia History Museum*, das gemeinsam mit dem Besucherzentrum der Stadt im dekorativen ehemaligen *Bahnhof der Central of Georgia Railroad* untergebracht ist, wird die Geschichte von Savannah, Austragungsort der Olympischen Segelwettbewerbe 1996, eindrucksvoll dokumentiert: Von der indianischen Besiedlung, der ersten Begegnung General Oglethorpes mit dem Häuptling Tomocheechee von den Yamacraw-Indianern, der Zeit der großen Baumwollplantagen und des Bürgerkriegs bis zur Entwicklung zur modernen Hafenmetropole Georgias. Parallel zum Steilufer des Savannah River lag früher das Handelszentrum der Stadt. Die über mehrere Ebenen an den Hang gebauten Backsteinhäuser, die heute als Museen, Studios, Wohnungen, Geschäfte, Restaurants und Bars genutzt werden, sind mit einem System von Treppen und Brücken miteinander verbunden. An der Uferpromenade der *River Street* kann man schön spazierengehen und die ein- und auslaufenden Schiffe beobachten. Lohnenswert ist ein Besuch der *Cotton Exchange* (siehe Seite 23) und des *Schiffahrtsmuseums Ships of the Sea*. Etwa 23 Kilometer östlich der Stadt, an der Mündung des Savannah River, liegt das *Fort Pulaski National Monument*. *15, 16, 17, 19, 20/21, 22, 38, 59, 61, 66, 70, 75*

Tallulah Falls ㉗. In 300 Meter Tiefe kann man von einem Wanderweg am Rande des Abgrunds den Tallulah River durch eine bewaldete Schlucht fließen sehen. Die Stromschnellen und ein Wasserfall zogen schon um 1900 Besucher an, die sich zudem am milden Klima im Hügelland von Nord-Georgia erfreuten.

Tifton ㉘. Rund um die kleine Stadt in Süd-Georgia werden Tomaten, Pecan- und Erdnüsse angebaut. Im *Georgia Agrirama* scheint die Zeit um die Jahrhundertwende stehengeblieben zu sein. In den historischen Farmgebäuden, einer Wassermühle, einem Sägewerk, einer Terpentindestillation und dem alten Schulhaus demonstrieren Darsteller den Besuchern in zeitgenössischen Kostümen das Leben auf dem Land vor etwa hundert Jahren. *8, 14*

Warm Springs ㉙. In den warmen Quellen suchten schon verwundete indianische Krieger lange vor der europäischen Besiedlung des Landes Heilung für ihre im Kampf erlittenen Verletzungen. Der spätere US-Präsident Franklin D. Roosevelt fand hier erstmals 1924 Linderung für die Folgen seiner Polio-Erkrankung. In dem Haus, das er acht Jahre später erbauen ließ, starb Roosevelt am 12. April 1945. Das *Little White House* ist als Gedenkstätte mit vielen persönlichen Gegenständen des Präsidenten eingerichtet. *95*

Zu Recht wird Georgia für die Vielfalt und Schönheit seiner Landschaft gerühmt. Südlich von Columbus erwartet den Besucher eine besondere Attraktion – der Providence Canyon. Diese Schlucht erinnert mit ihren farbenprächtigen Felsformationen an die Erosionslandschaften im Südwesten der USA und wird deshalb oft «Georgia's Little Grand Canyon» genannt.

Ein Bild wie aus alten Tagen – Eichenallee auf Jekyll Island.

Ein lauer Südstaatenabend in der stilvollen Atmosphäre des «Windsor Hotel» in Americus.

Hallmark SHOPPE

Indian Summer im Amicalola Falls State Park in Nord-Georgia.

ZUR SCHNELLEN ORIENTIERUNG – STICHWORTVERZEICHNIS

Kursive Seitenzahlen verweisen auf Abbildungen.

Indian Festival, Albany.

In Warm Springs, der Wahlheimat von Präsident F. D. Roosevelt.

Das Hay House in Macon.

TEXTNACHWEIS

Leo Wieland: Amerika-Reportagen, Grenzgänge durch die USA. Frankfurt/Main, Societäts-Verlag 1989: S. 1.

BILDNACHWEIS

Archiv für Kunst und Geschichte, Berlin: S. 29 (3), 46 r.o., 72 r., o. und M., 88 o.
Archive Photos, Köln: S. 60 o., 60 u. (Bob Verlin).
Archive Photos/Consolidated News, Köln: S. 60 M.
The Bettmann Archive, New York: S. 85 r.o.
UPI/Bettmann Newsphotos, New York: S. 85 l.o.
Bildarchiv Peter W. Engelmeier, München: S. 1, 46 M.r. und u., 46/47, 47 l., 82 l. (2).
Manfred Braunger, Freiburg: S. 38 l. und u., 70 u., 79 u. und l.u., 85 u., Schutzumschlag Rückseite r.u.
Peter Frischmuth/argus-Fotoarchiv, Hamburg: S. 38 o., 56, 58 u., 61 o., 66, 68 M., 70, 71 l.u., 73 (2), 81 r., 82 u., 83 r., 87 o., 88 u., 95 o.
Lori Grinker/Contact Press/Focus, Hamburg: S. 47 (3).
Interfoto, München: S. 46 l.
Thomas Jeier, Gröbenzell: S. 38 r.M., 82 r.o., 87 u.
Sammy Minkoff, Schondorf: S. 10/11, 74 r. (2).
Okapia/Bilder Pur, München: S. 30 o. (John W. Warden), 35 o. (NAS J. L. Lepore).

Alle übrigen Abbildungen stammen von Christian Heeb.

Der Fotograf dieses Bandes veranstaltet jedes Jahr Fotoreisen in die USA. Info: Christian Heeb, Box 914, CH-9001 St. Gallen.

Christian Heeb dankt der Swissair für die Hilfe bei der Erarbeitung des Bildmaterials sowie Holiday Inn Worldwide für die freundliche Unterstützung.

Seite 1: Filmszene aus »Vom Winde verweht« (1939).

Die Karten auf den Seiten 66, 67, 69, 80, 81 und 87 zeichnete Astrid Fischer-Leitl, München; die Kartenpiktogramme zeichnete Almud Kunert, München.

Wir danken allen Rechteinhabern und Verlagen für die freundliche Erlaubnis zum Nachdruck. Trotz intensiver Bemühungen war es nicht möglich, alle Rechteinhaber zu ermitteln. Wir bitten diese, sich an den Verlag zu wenden.

Alle Angaben dieses Bandes wurden von den Autoren sorgfältig recherchiert und vom Verlag auf Stimmigkeit und Aktualität geprüft. Allerdings kann keine Haftung für die Richtigkeit der Informationen übernommen werden. Für Hinweise und Anregungen sind wir jederzeit dankbar. Zuschriften bitte an Verlag C. J. Bucher, Lektorat, Goethestraße 43, 80336 München.

EDITION USA · TRAUMZIEL AMERIKA
GEORGIA: Von Atlanta nach Savannah

Konzeption: Axel Schenck
Lektorat: Claudia Meßmer, Katrin Ritter
Bildgestaltung: Joachim Hellmuth
Bilddokumentation: Ulrich Reißer
Graphische Gestaltung: Angela Drees
Herstellung: Angelika Kerscher, Armin Köhler

Technische Produktion:
Fotosatz Ressemann, Hochstadt
Repro Ludwig, A-Zell am See
Mohndruck, Gütersloh

Printed and bound in Germany
ISBN 3 7658 1091 6

Christian Heeb, 1962 in St. Gallen geboren, arbeitet als freier Reisefotograf für Buchverlage und Magazine in Europa und den USA. Im Verlag C. J. Bucher u. a. Bildautor aller Bände der Edition USA und des Länderbandes »USA«.

Friedrich W. Horlacher, Amerikanist an der Universität Erlangen, Gastprofessur in Athens, Georgia. Zahlreiche Veröffentlichungen über die USA; im Verlag C. J. Bucher Mitautor des Bandes »Indianerland« in der Edition USA.

Axel Pinck arbeitet im Medien- und Touristikbereich, Schwerpunkt Nordamerika. Buchautor und Verfasser von Beiträgen für Zeitschriften, Zeitungen und Hörfunk. Im Verlag C. J. Bucher Mitautor des Bandes »Der Tiefe Süden« in der Edition USA.

Ebenfalls in dieser Reihe erschienen:

Amerika in exklusiven Bildbänden:

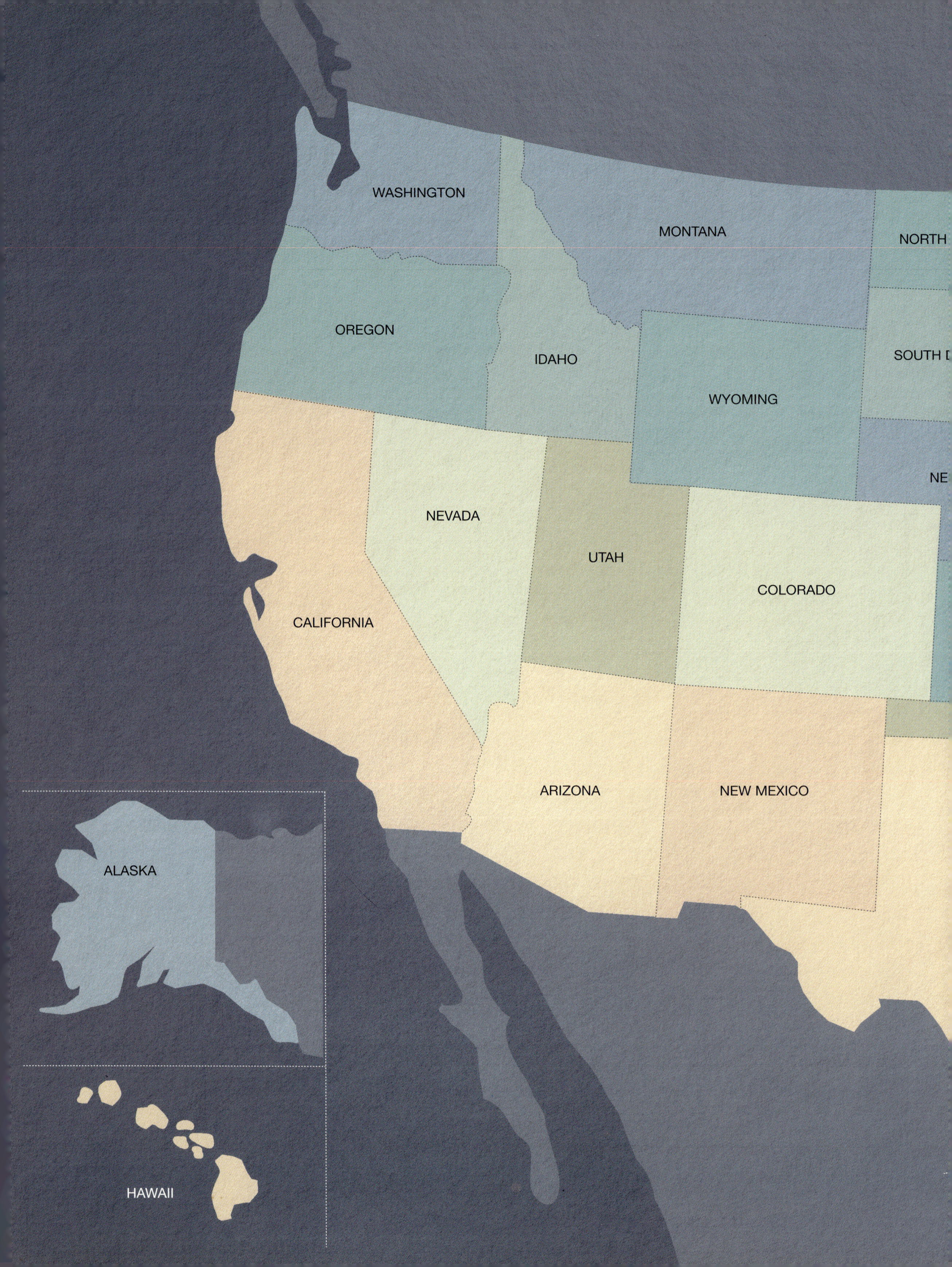
WASHINGTON
MONTANA
NORTH
OREGON
IDAHO
SOUTH D
WYOMING
NE
NEVADA
UTAH
COLORADO
CALIFORNIA
ARIZONA
NEW MEXICO
ALASKA
HAWAII